张一鸣
管理日志

林军 林觉民◎编著

浙江大学出版社

图书在版编目（CIP）数据

张一鸣管理日志 / 林军，林觉民编著． — 杭州：浙江大学出版社，2022.3
　　ISBN 978-7-308-22283-9

Ⅰ．①张… Ⅱ．①林… ②林… Ⅲ．①企业管理—通俗读物 Ⅳ．① F272-49

中国版本图书馆 CIP 数据核字（2022）第 010664 号

张一鸣管理日志

林　军　林觉民　编著

责任编辑	张　婷
责任校对	顾　翔
封面设计	张志凯
出版发行	浙江大学出版社
	（杭州市天目山路148号　邮政编码　310007）
	（网址：http：//www.zjupress.com）
排　　版	杭州林智广告有限公司
印　　刷	杭州钱江彩色印务有限公司
开　　本	710mm×1000mm　1/16
印　　张	17
字　　数	290千
版 印 次	2022年3月第1版　2022年3月第1次印刷
书　　号	ISBN 978-7-308-22283-9
定　　价	58.00元

版权所有　翻印必究　　印装差错　负责调换

浙江大学出版社市场运营中心联系方式：0571-88925591；http：//zjdxcbs.tmall.com

目录

1月	自我管理 /001
2月	产品和用户增长 /021
3月	竞争哲学 /045
4月	打造班底 /068

5月	培养年轻人	/091
6月	愿景和价值观	/116
7月	形成组织	/138
8月	公司治理	/158
9月	技术创新	/179
10月	业务拓展	/201
11月	社会责任	/224
12月	国际化	/246

1月 自我管理

1月1日 选择南开

我 2001 年走进南开的时候，实在不会想到，15 年后的今天我会站在这里。不知道大家是因为什么来到了南开。

我还能非常清楚地回想起高三报志愿时，给自己定了四个标准：第一，必须是一所著名的综合性大学，不要像中科大那样，男女比例严重失调，供求关系不平衡，找女朋友难度太大；第二，必须要靠海，是因为我喜欢吃海鲜；第三，不能离家近，免得父母总找到宿舍楼下来；第四，冬天要会下雪，我是福建人，确实没见过雪，真的很想玩。几个维度综合起来就是：一个冬天会下雪的，有很多漂亮女生的，滨海大都市……

筛选下来发现，符合上面几个条件的没有其他学校，只有一所——南开大学。

——2016 年 9 月 18 日南开开学讲话

背景分析

在高考结束后，普通考生选学校大多是从城市、专业等角度出发，尽量将分数优势利用到最大，而张一鸣则是从四个比较特殊的角度选择学校。尤其是第一点，张一鸣曾表示，自己不希望在恋爱这件事上浪费太多时间，显然大学择偶是他早就计划好的事。在上大学之前，他就已经非常清楚自己想要通过大学获得什么，而不是闭着眼沿着教育道路往前走。

行动指南

给自己一点目的性，确定自己想要什么，然后才去做。

1月2日 追求另一半

当时张一鸣的一个同乡电脑坏了，他跑去帮她修电脑，回到宿舍时就兴奋地说，哇，她们宿舍一个女孩子不错！接着就总去修电脑，在BBS上聊天，经常约她出来玩，然后表白，被拒绝。"被拒后没有表现出一点气馁，"梁汝波说，"有什么呀，他说，照样约出来玩。"

有一次，梁汝波和女朋友还有张一鸣和这个女孩子一起去北戴河玩，玩到张一鸣身上只剩最后几个硬币时，他说，我们把它花光。于是张一鸣和这个女孩子就拿着这几个硬币去了一趟网吧，回来时便牵着手了。这个女孩子便是张一鸣现在的妻子。

——2014年12月今日头条C轮融资后，张、梁二人接受采访

背景分析

字节跳动早期产品经理梁汝波是张一鸣大学室友，他谈到上面那段事情时，曾经

总结张一鸣的特点是认人准和"死皮赖脸"。

这两项技能后来被张一鸣用在了招聘上，只要是他认定的人，他就会不停邀约，即使被拒绝了也不气馁，甚至会隔一年再问对方情况，早期很多高级技术人才都是这样被邀请到今日头条的。

张一鸣对婚姻和创业有过一个非常有趣的类比。大致是说，结婚有一个时间较长的谈恋爱的过程，之后才领证，而找创业伙伴的时间却非常短。如果结婚是合作六十年，创业是合作六七年，那么是否应该用十分之一的时间谈谈"恋爱"？

可见，在寻找"伙伴"这件事上，张一鸣是何等的慎重。

行动指南

认人要准，认定后要"死皮赖脸"。

1月3日 修电脑

我在南开结识了很多优秀的同伴。作为一个不怎么参与集体活动的理工男，怎么保持社交呢？主要靠修电脑和编程建网站……后来同学聚会，打招呼的方式基本是：嗨，你的电脑还是我装的。当年PC整机还不普及，于是我常年混迹天津的硅谷——鞍山西道……帮大伙挑配件。

——2016年9月18日南开开学讲话

背景分析

内向的人要想保持社交，确实需要多主动帮助别人。

俞敏洪读大学时经常帮同学打开水，后来水没了人家都会喊他去打，他也从不拒绝。十年后，俞敏洪创办新东方需要老师，当他去美国找曾经的同学帮忙的时候，那些人告诉他，愿意信任他的理由是他帮他们打了四年开水。

张一鸣修电脑与之何其相似，帮同学修电脑除了让他找到最重要的妻子，还让他获得了很多创业伙伴。对于年轻人来说，多帮人一点，自己也会多一条路。

行动指南

乐于助人，可以让你有更多伙伴。

1月4日 看传记

怎么面对枯燥的生活？人物传记是非常好的心灵鸡汤。我读了很多人物传记，如果说收获，就是发现那些伟大的人，在成为伟大的人之前，也是过着看起来枯燥的生活，每天都在做一些微不足道的事情，但这些事情最后从点连成线，成就了他们。

——2017年11月15日南开校友会演讲

背景分析

张一鸣曾经谈过一个观点，人们面对巨大的事情容易无感，面对时代的转折也很无感，一般是时间过去后才知道发生了什么。

人的一生只有一次，人处在其中无法从整体审视，阅读传记会让人有带入感，可以从整体审视巨大浪潮中的变化。

2012年是中国互联网的"万历十五年"，是移动互联网浪潮到来的年代，很多人都没有看到这一点，但张一鸣看到了，而且下定决心把握它，这才有了后来的今日头条。

行动指南

多看传记，有助于我们感受巨大浪潮中的变化。

1月5日 不计较工作

我工作时，不分哪些是我该做的、哪些不是我该做的。我做完自己的工作后，对于大部分同事的问题，只要我能帮助解决，我都去做。当时，Code Base 中大部分代码我都看过了。新人入职时，只要我有时间，我都给他讲解一遍。通过讲解，我自己也能得到成长。

还有一个特点，工作前两年，我基本上每天都是晚上十二点以后才回家，回家以后也编程到挺晚。确实是因为有兴趣，而不是公司有要求。所以我很快从负责一个抽取爬虫的模块，到负责整个后端系统，开始带一个小组，后来带一个小部门，再后来带一个大部门。

——2016 年今日头条 Bootcamp 演讲

背景分析

2005 年，张一鸣从南开大学毕业后加入酷讯，同时他也是这家公司最早期的一批员工。张一鸣的成长速度非常快，工作第二年就在公司开始管理四五十人的团队，负责所有后端技术，同时也负责很多与产品相关的工作。不仅被创始人吴世春、陈华重用，而且得到了投资人王琼的青睐，后来也是王琼将张一鸣拉上了创业道路。

行动指南

不要局限于自己的工作，要勤勉学习、敢于任职，才会有更大的舞台。

1月6日 不设边界

我做事从不设边界。当时我负责技术，但遇到产品上有问题，也会积极地参与讨论、想产品的方案。很多人说这个不是我该做的事情。但我想说：你的责任心，你希望把事情做好的动力，会驱动你做更多事情，让你得到很大的锻炼。

我当时是工程师，但参与产品的经历，对我后来转型做产品有很大帮助。

——2019年字节跳动九周年演讲

背景分析

企业家过早给自己设置边界，会让自己的视野变得狭窄，不利于将来发展。酷讯创始人陈华曾经评价前下属张一鸣，是更偏技术向的CEO。

但众所周知，现在的张一鸣在管理上也做出了重要成就。"字节范"也是国内著名的企业文化，这与其不设边界、不断成长有必然关系。

行动指南

做事不要太早设边界，多做多学会有更多精进。

1月7日 参与更多业务

我参与商业的部分，对我现在的工作也有很大帮助。记得在2007年底，我跟公司的销售总监一起去见客户。这段经历让我知道：怎样的销售才是好的销售。当我组建今日头条招人时，这些可供参考的案例，让我在这个领域不会一无所知。

——2016年今日头条Bootcamp演讲

背景分析

2007年，已经在酷讯做到技术负责人的张一鸣会参与到公司更多的商业部分，这为他后来自己出任九九房CEO打下了基础。2013年，张一鸣为今日头条找到了一位媒介销售天才——时任《京华时报》副总裁的张利东，正是在他的支持下，今日头条才建立起了无比庞大的广告销售体系。

行动指南

参与商业部分，知晓更多领域。

1月8日 练习保持耐心

我毕业后参与创立了酷讯、饭否、九九房，到现在的今日头条，每一段创业经历，都挺寂寞的，尤其在苦闷纠结的时候。还有一个因素，前些年，创业环境还不像今天，也没有什么车库、创业咖啡馆，盛总（盛希泰）也没做孵化器，一堆公司都在五道口华清嘉园、东升园创业。平时在居民楼里查资料、研究用户需求、敲代码，谁也不认识你，也可能你的想法都不错，但不会马上转化到产品上，你必须要承受那样漫长时光的煎熬。现在回想，耐心非常重要，不仅是等待的耐心，还要有耐心作深入思考，找到更多更好的合作伙伴。

——2017年11月15日南开校友会演讲

背景分析

张一鸣所推崇的《高效能人士的七个习惯》一书认为，耐心如同情感的肌肉，只有磨炼，并且超越过去，才能在自然机制下得到过度补偿，从而变得更加坚韧。

张一鸣曾在微博中说："练习保持耐心，即使是快节奏和压力的情况下。"

对于创业者来说，耐心等待是不够的，而应该在艰难的情况下，深入思考，主动提升耐心。

行动指南

主动磨炼耐心。

1月9日 耐心倾听意见

再回看去年6月，尽管有些意见是建立在不了解我们的基础之上，但也有些是中肯善意而且应该认真对待的，我们都耐心地倾听，并努力改善我们的服务，做更多说明工作。

所以，回头看，感谢当年的那些批评者。因为那些批评，让我们投入更多的力量，帮助内容生产者最快地找到自己的用户，我们未来还会开放更多工具协助内容生产者，比如广告。我们很清楚，只有帮到大家，才能帮到自己。

——2015年4月23日《成都商报》采访

背景分析

稻盛和夫在《活法》一书中也说："在人生旅途中，没有一步登天的魔梯。我们必须脚踏实地、点滴积累，这种方式缓慢而且费力，似乎无法一日千里。也许你认为，以这种步伐，永远都不能有什么大成就，然而，你还是要有耐心地走下去。"

2014年，今日头条实现5亿美元C轮融资，引得行业侧目，大批媒体机构开始对今日头条群起攻之，社会也对今日头条提出很多意见。

在这种混乱的局面中，创始人保持耐心是非常重要的，处理好了会像今日头条一样获得成长，慌不择路则会走向危险境地。

行动指南

耐心倾听，不断成长。

1月10日 耐心面试搭建团队

在九九房进入商业化后，我觉得一个运营出身的、对商业敏感的人会更擅长这类商业运作，所以我们找到了一个资深的管理人，接替了我的工作。而我对移动互联网比较感兴趣，所以后来在2012年初建立了字节跳动科技。我之前的技术人脉比较好，与很多大公司技术人员，比如奇虎、百度、谷歌、微软，都共事过。在建立了字节跳动后，我面试过很多人，至少500人。在最初建立的技术团队里，也有一些是我曾经的同事。

——2013年3月17日 CSDN 采访

背景分析

面试是招聘过程中的重要环节，甚至可以说是决定环节。张一鸣曾经提到过，从他参加工作开始，他至少面试过2000人，单看数量甚至可以说远远超出很多公司的专职 HR。

行动指南

CEO 必须要有大规模招聘面试的耐心。

1月11日 知道时间花在哪里

给两天假期的计划。有效性的第一步:知道时间都花在哪儿,排出工作优先级。

——2012年4月张一鸣微博

背景分析

张一鸣曾经说过,他最想吃的食物是《七龙珠》里面的仙豆,因为食用后不但精力无穷大,而且七天七夜不用吃饭和睡觉。显然,他想要把这些时间用来工作。据说,他甚至觉得一天工作16小时感觉很好,其珍惜时间的态度由此可见一斑。

张一鸣在总裁办的会议上,会同步自己的时间规划,甚至把它做成饼状图,上面会展示他一周招人、学英语等各花多少时间。他不断分析自己的时间利用,以此修正自己时间规划,以期达成更优的结果。

这显然是用到了德鲁克倡导的时间管理经典方法论:记录时间—分析时间—系统地安排时间。

行动指南

制订时间分配计划,排出优先级。

1月12日 精力放在重点上

充分放权,当公司在有100人之前时,我管理得还是很细致的;200人之后,我就开始放权，反正也管不了了。

我把精力主要放在两件事上：一是产品和技术；二是招聘。这两块，再小的细节我都会过问。但市场和销售，我基本上从不介入。

——2015年4月29日《好奇心日报》采访张一鸣

背景分析

成长越快的企业越忌讳过于重视领导人的业务能力，忽略领导人的领导能力。公司的一把手更是如此，必须要牢记"领导力就是通过他人去完成任务的学问"，必须要善于授权赋能激励人心，这样才能培养出优秀人才。甚至对于顶尖领导人来说，只贡献业绩，而不贡献人才才是大罪。

领导人一定要认清自己也是凡人这件事，每个人的精力都是有限的，管理好精力非常重要。

行动指南

CEO在人多后管理不过来，要充分放权，把精力放在重点上。

1月13日 管理精力，保证睡眠

睡前五不宜：不宜看有启发的书、不宜看邮件、不宜看数据、不宜看产品、不宜总结工作。否则就容易思维太兴奋，睡不着或睡不深。睡不着其实还好，最讨厌睡觉还在想问题的状态，感觉就像高中有时遇到的做梦在做题！

——2012年5月张一鸣微博

> **背景分析**

在张一鸣工作的前两年，经常晚上十二点后回家，回家后还继续编程，据他说"确实是因为有兴趣，而不是公司有要求"。

但到了创业期，张一鸣反而会配合妻子的要求，每天晚上十二点必须回去睡觉，尽管在他看来，睡觉是一件特别无聊的事。

世界著名心理学著作《意志力》认为，人的所有精力都来自同一个精力钱包，如果你在其他事上消耗太多，在工作上就会余额不足。

> **行动指南**

管理好自己的精力钱包。

1月14日 细化问题

知行合一真难，中间差的是什么？

——2011 年 5 月张一鸣微博

> **背景分析**

张一鸣在另一条早期微博中曾经对执行力做过解析，他认为执行力就是态度和能力，只有不断端正态度和提高能力，才能不断增强执行力。

那么怎么才能做到知行合一呢？

源码资本创始人曹毅曾经说过这么一段往事：

"有次我跟一鸣去美国参观了脸书、谷歌这些公司。离开头一天去了金门大桥，看到波澜壮阔的场景，有感而发吧，（张一鸣）开始讲自己创立今日头条的思考。

"他说他（最开始）在创立今日头条的时候，在写商业计划书时做了一个计算，当时测算是五年时间，有机会做到 1 亿 DAU（Daily Active User，日活跃用户数量）。

"我很震惊，马上五年了，正好 1 亿 DAU。我说你怎么做到的呢？

"他给我讲了一下他的设想，新闻人群总共是一个多么大的人群，我们这种方式会有怎么样的一个渗透率，然后我在这种方式里面会在什么位置。

"（他）给我的冲击就是，他确实想问题有十足的把握，才会去做这件事情。他是一个很保守的人，把事情翻来覆去想得很清楚，还能算得很清楚。他对很稀有的'大东西'，充满了一种必须拿下，全力以赴地投入所有的精力、所有的资源的态度，然后去大力出奇迹。"

这件事也并不是孤立事件，事实上，很多字节跳动早期高管都讲过类似的事。今日头条的早期计划往往非常细致且有逻辑，而且最终都得到了令人惊奇的实行。

从知到行，这中间需要的是足够细化。

行动指南

细化问题，知行合一。

1月15日 少谈主义

少谈些主义，多认真解决问题，做一步看几步。为理想的共产主义而奋斗的努力，没有解决好现实问题，忽视了需求，好人也没办好事。

——2012 年 5 月张一鸣微博

背景分析

胡适曾经说过"少谈些主义，多研究些问题"，这是因为当时人们喜欢口号式的语言，陷入盲目冲动的状态，而缺少具体做实事的动力。

张一鸣引用这段话时，互联网圈也正流行一种盲目狂热的风气。比起各种喊着口号的人，他更希望做些能解决用户需求的事情。

行动指南

多解决问题。

1月16日 不要愿望式分析问题

八个 case 出了四个错误，工程师说我再看看它们是不是个例。我说：你是不是希望问题是个例，而不是分析它们是不是问题。——不能愿望式分析问题。

——2012年6月张一鸣微博

背景分析

所谓愿望式分析问题，就是逃避问题。当我们解决问题或者复盘问题的时候，如果抱着"这是个例""这不会再发生""应该不会有"的想法，就已经是在逃避问题了。

愿望式分析问题的结果，是无法正视产生问题的原因，也就没有动力从根本上去解决问题，这对于公司的持久发展是非常有害的。

对于公司管理者来说更是如此，管理者面对问题更加不能得过且过，而应该从整体上思考，从体制上解决，并建立长效防范机制。否则，千里之堤毁于蚁穴，管理者放过的地方往往是墨菲定律发挥作用的地方，越担心越发生，反而不如提前咬牙解决的好。

行动指南

不要给自己找借口，要直面问题。

1月17日 抗压

问：别人都说你抗压能力很强，你怎么看？

张一鸣：我表面上看起来确实很平静，内心和表面差不多，多数时间也比较平静，当然，偶尔有波澜。

问：你觉得自己有事业心吗？

张一鸣：如果把很投入地做成一件事当作有事业心，那我还是有的。

问：平时有运动的习惯吗？

张一鸣：以前没有，但是从今年开始我觉得有必要开始锻炼了，因为熵值在增加。

问：熵值？

张一鸣：它表示一种无秩序的程度，对于人来说，脂肪就是混乱无序的。

问：很少见你穿西装，是因为不习惯吗？

张一鸣：其实我对穿着没讲究，西装的话，折开之后还要折回去，太麻烦了所以尽量不穿。

——2015年《芭莎男士》对谈张一鸣

背景分析

张一鸣的抗压能力是非常强大的。外界有一段时间将其形容为机器人思维，但是从现实上来说，这其实是一种严格自我管理的极致理性。

梁汝波说，张一鸣大学时期以严格道德标准要求自己。张一鸣自己也曾说过，他认为发火是一种非常低效率的沟通方式，这种方式更多是抒发情绪，却不能解决问题。

从这两个案例我们可以看出，对张一鸣来说，效率大于一切，他非常善于调节自己，以保持更高的生活效率。

> 行动指南

保持抗压状态。

1月18日 窗口期要延迟满足感

缺什么说什么。我是比较保守（的人），比如很多公司花钱都是花了再融，而我总是预留足够的钱。

保守的本质是因为我很相信"延迟满足感"，如果一件事情你觉得很好，你不妨再往后delay一下，这会让你提高标准，同时留了buffer。很多人人生中一半的问题都是这个原因造成的——没有延迟满足感。延迟满足感的本质是克服人性弱点，而克服弱点，是为了更多的自由。

以前我的投资人建议，你应该尽快推广，但我觉得不ready就会一直不做。事实上直到你的竞争对手发力之前，都是你的窗口期。华为就是一家懂得延迟满足感的企业，他们花了大力气在研发上——这些都不是短期见效的事情。

——2016年12月14日张一鸣接受《财经》采访

> 背景分析

延迟满足感的说法起源于20世纪60年代的一个著名实验：斯坦福实验人员将孩子们安置在有棉花糖的桌子前面，并且告诉孩子可以立即吃，也可以等实验人员出门回来后再吃，如果选择后者可以被奖励一倍的棉花糖。这场实验的结果是，大概只有三分之一的孩子延迟了自己对棉花糖的渴望，等了15分钟才吃。

延迟满足感是一项只有少数人才具备的能力。张一鸣认为即便是要把握窗口期，也要懂得延迟满足感，做一些不是短期见效的事，这样对长远未来更有利。

> 行动指南

创业者要懂得把握窗口期,也要懂得延迟满足感。

01月19日 如何延迟满足感

延迟满足感经验:涵蓄情绪,让自己静止,不要在沟通交流的时候走动、晃动,情绪跳动,会让思维失去精确控制。

——2010年12月张一鸣微博

常言道:以大多数人努力程度之低根本轮不到拼天赋。我的版本:以大多数人满足感延迟程度之低根本轮不到拼天赋。什么是努力?早出晚归,常年不休的人很多,差别极大,区别好像不是努力。

——2012年6月张一鸣微博

> 背景分析

现实中,很多创业公司喜欢标榜加班,创业者标榜勤奋少睡,企业文化充斥各种高大上词汇,但事实上公司运营却陷入一种形式大于实质的状态。

管理者对这种"勤奋"状态非常满足,却没有具体产出,只好不断加强"勤奋",结果陷入恶性循环。

如何判断是不是过于自我强化了?张一鸣这里有一个判断方法:"判断自己对不同事情乐观还是保守:记下自己的预测和实际结果,看平均差值。问题是你是否愿意估计得更准?似乎乐观和保守的人都并无意愿去纠正。"

> 行动指南

要想做到延迟满足感，就不能假装努力，要沉静下来做事。

1月20日 缺少批评就自我批评

我很早以前就意识到，公司规模扩大了，CEO 角色也会很容易陷入到一个不利的局面里——公司周围很少有人能够给自己提有效的要求和批评。

——2016 年 1 月张一鸣获"创业邦年度创业人物"演讲

> 背景分析

弗里德曼在《世界是平的》一书中指出，当一个公司处于"王冠"位置的时候，别人是很难劝说它去自省的。他所举的例子就是 20 世纪 90 年代的 IBM，当时它虽然是美国 IT 领域的巨无霸，但公司高层变得越来越自负，上行下效，各级机构的领导人都只能听到自己想听的话，公司股价下跌 30% 却无力挽回，直到格斯特纳上台开始自上而下自省改革。

对于飞速增长的今日头条来说也是如此，它所面临的道路要么是躺在增长的成绩上成为历史，要么是不断自我批评，张一鸣显然是选择了后者。

> 行动指南

CEO 身边很少有人能给自己提要求和批评，创业者必须擅长自我批评，保持宠辱不惊的最佳状态。

1月21日 越满足越要自省

这种氛围下，创业者很容易会滋生出不自觉的满足感，这种满足感会像病毒一样影响、侵入我们的深入思考能力，这个时候引入适当、可管理的沮丧，反而能让人保持清醒。

我觉得人的最佳情绪状态其实是在轻度喜悦和轻度沮丧之间，没有大喜，也没有大悲，让情绪居于两者之间，处在一种可以做适度管理的状态，是我个人比较欣赏的一种状态。

——2016年1月张一鸣获"创业邦年度创业人物"演讲

背景分析

心理实验证明，每个人都会高估自己。大部分司机都觉得自己技术好于他人，大部分歌手都认为自己歌喉更加动听。企业家和普通人一样，也会出现这种状况，他们普遍认为自己的能力优于同行。

稻盛和夫曾经提出"在悔悟中生活"，要经常真诚地反思自己，培养自己的自律能力，因为人性总会让人满足于荣耀的桂冠，常常导致"成功毁了他这个人"。

企业家们更需要反省，他们往往被认为是社会成功人士，很容易陷入高估自己的陷阱。当他们在经济上获得优势后，身边的各种诱惑增多，歌功颂德环绕四周，稍不留意就会被欲望牵引，走入歧途。

更重要的是，随着企业的壮大，他们与下层业务接触越来越少，对具体信息的了解也越来越少，如果缺乏自我反省能力，久而久之，他们看到的只能是虚假的数据和虚报的成绩。只要他们自我感觉良好，总有人会不断满足迎合他们。

可是公司的业务还是在按照市场规律前进，如果不能及时自省，公司也必受牵连。

> 行动指南

自我感觉良好的时候，更需要自我反省，学会调整自己的情绪状态。

1月22日 决策形式化

Formalize decision-making process。很多时候，我们问当时为什么这么选，经常听到：当时也没怎么想；忘记是怎么想的；开始×××，后来就×××；来不及想。当我听到 formalize decision 的说法的时候，开始尝试将决策作为一个明确的过程认真对待，并对重要决策记录以复盘，以认识自己。

——2012年9月张一鸣微博

> 背景分析

今日头条多位高管和离职员工曾经表示，张一鸣脾气极好，而且是真的好，不是压抑着自己，就是个谦谦君子。他不凶人，也不刻薄地批评人，即使极不满意，也只是温和地说理，温和地鼓励。这与张一鸣积极反省情绪是分不开的。

张一鸣所提到的 formalize decision-making process，简单理解就是决策形式化，这样可以将决策过程记录下来，以便将来复盘决策，对决策有深度认识。

除此之外，张一鸣还会像写日记一样写微博，将自己的所思所想记录下来，这点与他的老乡王兴一样。

> 行动指南

记录自己，积极自省。

2月 产品和用户增长

2月1日 与趋势站在一起

2008年的时候，苹果上线了APP Store，向全球开发者开放自己的平台。当时我还在酷讯，有朋友告诉我，可以给iPhone开发专属应用了。我当时的反应是：这个事也太小了吧？我们那一批创业者想要做的是系统、软件，最低程度也该是一个网站吧？我想，怎么会有人跑到一款手机的系统上去做一个应用啊？如果说有开发团队把这个作为自己的主营业务，我会感觉他们疯了。

然而后来发生的事情大家都知道了，包括我们自己在内的无数创业者，都开始为手机开发应用。智能手机从改变软件行业开始，几乎改变了世界上每一个行业，而媒体行业也是这个故事里的一部分。

未来总是难以预见的。但是回过头来看这件事，在2008年的时候，一定已经有一小拨创业者，因为苹果的APP Store，看到了移动互联网可能给这个世界带来的巨大变化。

之后，他们通过自己的工作，最终让一个很小的趋势，变成了我们今天所身处的"未来"。

——2016 年 1 月 15 日今日头条未来媒体峰会

背景分析

硅谷精神之父凯文·凯利在《必然》一书中写道："我们都只有'倾听'科技所偏好的方向，并使我们的期待、管理和产品服从于这些科技所内在的基本趋势，才能从科技中获得最大利益。"张一鸣显然就是良好的践行者。

22 岁那年，张一鸣从南开毕业，在天津工作三个月后，应师兄之邀赴京创业。半年后创业失败，于是应聘到酷讯担任技术员。两年间，因被创始人陈华、吴世春看重，一路提拔至技术委员会主席，并且得到投资人王琼的关注。

张一鸣当时也没有反应过来，iPhone 和 APP Store 背后的移动互联网意味着什么，但是当他后来意识到的时候，立刻就去做了相关的事情，没有迟疑。

创新者终其一生都应该与时代趋势站在一起，要顺流而下，不要逆流而上，只要看到趋势，就要站在趋势一边。

行动指南

未来难以预见，创业者要善于观察趋势并及时行动。

2月2日 顺应智能推荐的趋势

比如，家庭主妇会收到家常食谱的信息，体育爱好者会看到足球比赛推送。今日头条根据用户特征、环境特征、文章特征等数据，进行组合推荐。这背后是数据挖掘、神经网络、自然语言理解、机器学习等人工智能技术的支持。

当整个内容行业从编辑分发拐入机器智能分发时，去中心化模式让广告的分发模式也随之发生改变。我们知道，广告离不开三个环节，生产、分发和消费，而智能推荐的时代中，这三个端口正在发生改变，以顺应智能推荐技术这一趋势。

——2016年10月20日金投赏论坛演讲

背景分析

SIG的王琼曾经在2016年说过，今日头条有很强的造血能力，虽然他们很想再投点钱，但是今日头条已经不需要了。除了信息分发能力，今日头条还有很强的商业化能力。

尽管很多人会觉得靠广告来盈利不够科技范儿。张一鸣却觉得没什么不可以，毕竟谷歌、脸书的盈利也主要靠广告，广告也可以做得很好很有趣。

因为走在了推荐算法的前列，今日头条在广告方面的战略也更清晰。

传统的资讯阅读平台为每个用户呈现相同的主页。但其实每个人都是独立的个体，都有不同的阅读喜好，今日头条精准的需求广告，依靠的是个性化推荐算法，可以实现广告即内容。今日头条的广告效率远远大于其他平台。

行动指南

顺应智能推荐大趋势，将广告变成内容，在趋势中探索新路。

2月3日 移动互联网的特征

移动互联网时代有一个"双向"的特征，即用户行为可以随时返回到内容发布者，并且内容发布者也有机会不经过第三方就能直接和用户发生联系。显而易见，移动互联网可以同时提供连接和信息服务。

所以，我们不仅帮助用户找到优质的内容，同时也帮优质的内容找到优秀的读者。

比如，有关科学、历史或者文化的内容，可能很难在邮局和机场这种地方发布，但有了推荐引擎以后我们就有机会推荐给用户。所以现在我们发现，在今日头条上已经产生了一些特别的信息爱好。

——2014年世界互联网大会分论坛演讲

| 背景分析 |

相较于 PC 时代，移动互联网有了基于定位、通讯录等开发出的许多优势，更具有隐私性，也更个人化。传统互联网时期的思维已经跟不上时代的步伐。张一鸣从经营相当成功的九九房退出来，创办字节跳动，就是看到了时代的变化，想基于移动互联网做事。

| 行动指南 |

转换传统互联网思维，基于移动互联网特性做创新。

2月4日 移动流量快速上升期

对互联网时代来说现在是巨变的时代，PC 互联网的流量不再上升，移动互联网的流量正在快速上升，智能手机的兴起改变了太多行业：纸质地图没有了，闹钟没有了，相机没有了。

对媒体行业而言也带来了非常巨大的改变，在互联网刚刚出现时，纸媒的发展还是上升的，那时的电脑不能随身携带。但移动互联网时代，第一次大幅度改变了局面，95%以上的事务可以在移动终端上完成。

——2015年9月5日中国青年领袖公益演讲

> 背景分析

每一个潮流都有上升期、平稳期、降落期，对处在其中的创业者而言，抓住上升期非常关键。张一鸣从硬件设备的变化看到了互联网的变革，从而抓住了移动流量的上升期，这是今日头条成功的必备条件。如果换一个时间点，今日头条可能都不会有现在的规模。

> 行动指南

巨变时代，抓住流量上升期。

2月5日 随刷随有的信息流

有些是因为太难用，门槛很高，导致最后只有geek（极客）才用。还有一些是没有"穿透"，订阅、选择类别等各种功能，他们把产品想得太复杂。为什么我们没有做这样的产品？因为我们始终认为信息的效率比信息的展示更重要。

最早期的今日头条，没有频道没有个性化甚至没有图片，打开就是纯信息流。当时我们的判断是——移动互联网，高频应用，主产品是唯一的；同时要专门为移动创造内容，而不是把杂志内容搬过来，后来我们做了今日头条号。

——2016年12月14日张一鸣接受《财经》采访

> 背景分析

张一鸣对于信息流的认知是战略级的。字节跳动第一位非创始人高管曾告诉笔者，今日头条创建期有两大产品优势，其中一个就是新内容随刷随有，只要用户刷新，软件的上端就会显示"又为您更新了××条新闻"。这在那个时间段的互联网产品里，只有今日头条一个产品做到了，给用户带去了极佳的体验。

相比之下，当时很多大牌的、有很强的新闻底蕴的客户端，可能一天也就更新百十多条内容。当时所有的门户网站，都没有果断地去做信息流，这个技术门槛今日头条早期领先很多。

另一个独特之处是今日头条是能够抓取评论，当时微博没有防守今日头条，今日头条在抓取内容的时候，能够把微博上所有的评论都抓取过来，用户看一篇文章能看到朋友的评论，用户黏性就会增强。

后来，各大巨头平台开始把控内容，今日头条只好开始做今日头条号，将内容掌握在自己手中。

| 行动指南 |

先做对用户最重要的事，把用户门槛设置低一点，穿透圈层。

2月6日 广告也可信息流

从广告的生产方面来说，现在需要像做内容一样去做广告。

在智能分发时代，广告信息化是我认为的一个趋势。因为个性化推荐，推荐的是信息。而广告也是信息的一部分，它是有商业价值的信息。现在，强行插入的干扰阅读的广告不再是好的模式。当年门户网站的广告就是挂两边，甚至在网页旁边飘，挡住用户的视线，非常影响阅读体验。

而我们商业化的目标是让广告成为一条有用的资讯。广告必须具备可读性，之后它就能直接产生价值了。比如一个新品上市信息，或一个试驾活动，这种既具备商业价值，同时又具有可读性和可服务性的广告，我们就把它当做正常的内容推荐给用户。

2012年初的时候，我去见投资人，他们当时还跟我说，移动屏幕这么小，你们广告肯定很不赚钱，因为屏幕小，广告的展示位也少。但是我们推出了信息流广告，生产出来的广告可以像信息一样分发，信息流广告可以不断刷新，没有展示位数量的限制，更不会像以前那种打扰用户体验。可以说，它就是一种信息。

我们的广告都很明确地标注了广告字样，但是因为推荐系统精准推荐，且是有用的资讯，所以转化率都很不错，很多用户都不会介意它是广告。

这也是我认为今日头条广告ROI（投资回报率）更高的表现。

——2016年10月20日金投赏论坛演讲

背景分析

谈到今日头条的信息流广告，就不能不提字节跳动的二把手张利东。

2013年夏天的一个下午，时任《京华时报》副总裁的张利东应张一鸣邀请，前往当时已经搬到盈都大厦的今日头条公司。在一间狭小昏暗的会议室里，张一鸣在白板上写下一长串复杂的计算公式，用了数小时向张利东解释背后的原理，目的是要说明，今日头条的广告盈利和往后的创业步骤。

张利东后来说："实话实说，当时我没完全看懂。但他列公式的行为，给我的感觉是震撼，我第一次看见有人用公式的方式，给我推导广告盈利模式。"

张利东非常认同这种模式。2013年9月，在他的支持下，今日头条第一次尝试个性化推荐信息流广告。

不仅如此，张利东还为今日头条拉来了最早的一批重点客户资源，据说其中就有宝马，正是因为汽车广告主的入局，之后的奢侈品和大厂商才跟着接受在今日头条投放广告。

张一鸣的信息流广告模型终于得到验证。

行动指南

新的工具有新的媒介，新的媒介有新的变现方式，不断探索变现方式。

2月7日 先做产品，快速迭代

搞笑囧图是内涵段子的大哥，内涵段子之前先出的笑话类产品是搞笑囧图。其实这些产品都涵盖了之前的想法，只不过以一种比较接地气的想法诞生。因为当时的移动互联网发展非常快，我们希望快速推出产品以获取用户来验证想法。这个想法其实已经覆盖了最早初心的各个点。

当然有一个问题，当我拿这些产品说服投资人的时候还可以，但想说服那些高段位的副总裁候选人肯定不行，他们会想，这么low的东西我怎么可能会加入呢？甚至工程师都有不来的。

——2016年3月今日头条年会演讲

背景分析

在做今日头条之前，张一鸣足足花了三年时间，研究了国内外较有影响的一百多款新闻类客户端。直到2012年3月，张一鸣准备好了人马和资金才成立了字节跳动。

即便如此，张一鸣还是在今日头条上线前推出了同一后台的产品内涵段子作为测试，以确保万无一失。

今日头条的发展动作是迅速的，但张一鸣的战略却是渐进式的。

行动指南

看到时间窗口就要抓紧，以产品推进产品也是可行的。

2月8日 先试局部，再做整体

> 2012年5月，我们有了内涵段子，后来才有今日头条。今日头条基本上把我们的想法比较成型地完整地体现出来。我们确实不是一个新闻客户端，最早期希望把创作、分发、讨论各种内容覆盖，做最懂你的信息平台。从我们的出发点可以看到，过去四年这个出发点并没有变过，在2012年初就想好了。
>
> ——2016年3月今日头条年会演讲

背景分析

内涵段子诞生三个月后，今日头条的第一个版本才上线。

在那三个月里，内涵段子是顶梁柱一样的存在。那时移动互联网刚刚兴起，很多应用都不够完善，这也导致当时的移动互联网没有充分碎片化，核心应用无非就是工具，包括搜索、电商、游戏等几大类。

如何有趣地消磨时间，而又不那么浪费流量，成为当时的纯刚需。"刚需"到什么程度？那时有些APP极为夸张，制作者把搞笑图片从网上下载下来，打成200M左右的压缩包，做成那种静态的、没有刷新的、也没有更新的东西，然后发布出来，排名就特别靠前。

内涵段子抓住时机，提供源源不断的搞笑图片和文字，极大地满足了这类需求。但是，在看似浅薄的内容之下，是今日头条打磨推荐引擎的雄心。

行动指南

即使是边缘探索，也要打磨核心能力。

2月9日 起名字

对于今日头条未来的发展，我希望它不仅仅推送人们感兴趣的新闻，它还可以推送广告，甚至推送商品。

有人可能说今日头条取了一个新闻媒体的名字，不能推广告推产品，那Face-book（脸书）也不是book（书）嘛。在我眼里，一篇新闻是信息，一篇游记也是信息，一篇学术论文也是信息，一个你很需要的商品也是信息。只要是真实的、不欺诈的，我推荐给你并且标明是商品就可以了。

——2014年张一鸣极客公园演讲

背景分析

今日头条的名字是早期产品经理黄河所取，张一鸣很赞同他的取名之道。黄河认为好的名字要符合两点：一要让用户秒懂，看到名字就知道作用是什么；另一点就是越简单直白越好，尤其是微博大号和网络用语，感知度高，传播效率高，比较受欢迎。

今日头条非常符合这两个特征，"头条"是最重要的新闻的意思，"今日"是时效性，二者结合朗朗上口，非常容易形成记忆。

行动指南

取个好名字。

2月10日 ByteDance（字节跳动）

在 2012 年底，就在锦秋家园里，我们开始讨论国际化的事情。我们在取"字节跳动"这个名字的时候，也想好了 ByteDance 这个英文名。那时候，同事中也没几个人出过国。但我们觉得，移动互联网带给我们的机会在全球都存在。

——2019 年字节跳动七周年演讲

背景分析

取好名字需要更长远的考量。杰克·特劳特在《定位》一书中说："好名字是长期成功的最好保障。"书中认为，许多产品类别中，各个产品彼此间区别相差无几，但是因为有的产品起了好的名字，所以销售额会领先数百万美元。

张一鸣的取名眼光相当长远，即便是公司才刚刚成立，就已经想到遥远的全球化问题。

行动指南

取名字也要有长远考虑。

2月11日 研究相关赛道的公司

Digg 被 50 万美元收购是真的吗？多么不靠谱的事情。虽然团队不济，被 Reddit（红迪网）超过，但按他们的流量，仅仅只放广告联盟的广告，每个月应该也有几十万美元，有什么特殊情况？

——2012 年 7 月张一鸣微博

背景分析

张一鸣对于信息分发的兴趣其实很早，在他大学开始接触计算机时，就意识到这是一种非常适合用于信息分发的工具。张一鸣毕业之后无论做搜索引擎还是社交网站，基本上都是围绕信息分发。在酷讯的工作，也基本围绕这个来。

张一鸣在做海内网的过程中，曾经梳理过 Alexa（一家专门发布网站世界排名的网站）排名前 1000 的网站。结果发现，除了 Reddit 和 Digg（二者为美国科技新闻网站）排在 200 名左右，其他做积极推荐的阅读应用，几乎未见。

因此，张一鸣得到的启示是，应当有更高效的内容分发方式，以实现用户多个方向的内容需求。

行动指南

走哪个方向，要多研究相关赛道的公司。

2月12日 热度排序算法

包括 Reddit，包括 Hacker News，打开都是 H5 页面，非常简单，都是一条条的信息，我觉得这个形式很好。不像很多门户网站的手机版，他们标题都是对齐的，很讲究形式，还要加频道，搞得很复杂。所以我们最早做产品的时候，我一开始就觉得什么功能都不要加，就是一个 feed，然后做到随刷随有。另外就是根据用户行为按热度排序，虽然没有完全做到个性化，但当时也是可以的。

——2019 年《沸腾新十年：移动互联网丛林里的勇敢穿越者》作者拜访张一鸣

背景分析

有人分析认为，今日头条早期胜出的核心不是靠个性化，而是靠使用门槛超低的体验：一上来啥都不用选，猛推高点击文章，在后续使用中人和算法持续互动，个性化逐步体现。在理解用户上，当时所有今日头条的竞品都和今日头条差了一个身位。

早期应用热度排序算法最典型的产品就是 Reddit，张一鸣对 Reddit 非常感兴趣，一直想要收购，2016 年推国际化时提过收购意向，谈到过用换股方式来操作，但是被拒绝。

今日头条本身也采用了很长时间高热算法，张一鸣最早撰写的关于推荐的内容就是这个，直到后来第四范式创始人陈雨强入局，今日头条才换成更先进的大规模离散算法。

行动指南

关注技术前沿公司，不断更新提升自己。

2月13日 在地铁上的观察

2007 年我买了第一台苹果机，苹果一代，2009 年我买了自己的第一台安卓手机，摩托罗拉的比较好的机型，底下横着推出键盘，但很不好用。一年后，我看到地铁上开始有大量的人在使用智能手机，这时候手机的软硬件性能已经 OK，我觉得可以慢慢发展出一个很大的移动应用生态了。

——2019 年《沸腾新十年：移动互联网丛林里的勇敢穿越者》作者拜访张一鸣

背景分析

今日头条第一位非创始人高管曾强曾说，他只见过一次张一鸣开车。创业不久时，张一鸣和梁汝波从天津返回北京，中间坐地铁时常常会比赛背诵地铁站号。新时代创业和草莽时代做老板应该是有区别的，新时代创业的目标是创新，并不特别在意物质享受，反而会从周边普通人生活观察时代脉动。

> **行动指南**

少物质享受，多观察生活。

2月14日 地铁刷手机

移动互联网对于传统媒体的影响远大于 PC，PC 对纸媒有影响但无冲击，当人们出门或者坐地铁时仍然需要报纸，但现在的手机几乎做到全天候随时随地。

——2014 年 2 月接受《第一财经日报》采访

> **背景分析**

张一鸣在各种演讲中，曾经多次提到自己坐地铁时观察周围人的经历，其中包括移动时代的到来，这不禁让人有一个联想：时代变化体现最明显的就是地铁上的大众。

越是面对巨大变革，人们越是无感，其原因很可能在于找不到观察切面。

张一鸣通过观察到地铁上刷手机的人越来越多判断移动互联网兴起，这就是一个很好的启示。

> **行动指南**

多留意地铁上大众的生活，总结时代变化趋势。

2月15日 介质变化

如果对互联网、对国外互联网了解更多的一些朋友会发现，即使在互联网时代，在互动、创作、分享方面也有专门的公司，像美国有 Disqus，中国有 bShare 的分享插件，也有非常多的用户使用，专门做这个文章的分享。很多网页上面都有一个小按钮，一点开，会出现一系列图标分享到哪儿，这是专门为分享做改进的互联网的技术公司。所以每一个环节都在不断地创新，都不断地有新的东西出来。

在创作领域也是，从博客到微博，不断创造一种新的方式，它可能是品牌的变化，比如微博是题材的变化，创造内容的方式也在不断进化，这些进化都跟互联网产品、跟技术有很大的关系。

已经发生了一些重要的变化。随着带宽的提高，这三五年已经看到一个重大的变化，文本越来越向多媒体转化，以前很少有网站一打开就是一系列大图，现在这种设计方式已经越来越普遍了，这个前提是带宽技术的变化。如果大家有印象的话，六七年前，中国和美国都有一系列把热门内容做出来的产品，像大企网，网民把热的内容点出来，现在也越来越个性化，出现了按主题的内容，比如互联网技术板块或者媒体板块，像天涯就是按主题内容在改变。

——2013 年 12 月张一鸣在钛媒体 Ti 创新者大会演讲

背景分析

从 2002 年博客创立，到 2012 年微博兴起博客衰落，这中间是十年时间。技术的进化促进硬件的升级，硬件的升级导致媒介革新，这是必然的结果。张一鸣生于 1983 年，亲历了其中变化，也看到了背后的规律，这为他创办今日头条提供了逻辑支撑。

行动指南

看到技术进步与媒介革新的联系。

2月16日 主要需求

新浪微博告诉我们，只要抓住主要需求，产品再糙也能取得一定的成功。

——2012 年 7 月微博

背景分析

张一鸣本人是微博的深度用户，曾经写过近十年微博，但也非常反感微博设计。他在今日头条创办早期曾经抱怨："我实在不想看微博，但是目前还没有比微博信噪比更高且信息同样的产品。"

一方面不想看，一方面又离不开，正好诠释了抓住主要需求和产品糙这两点。

行动指南

抓住用户主要需求。

2月17日 坚定创新

在当时，做推荐引擎对创业公司来说难度还是很高的，那时候有很多人在做类似的APP，有些人是靠不可扩展的运营，有的人尝试通过简单的定制实现个性化，真正下决心做推荐引擎的公司很少，失败的很多。

但我们觉得，如果不解决个性化的问题，我们的产品只是做些微创新，也许能拿到一些移动互联网的红利，但不可能取得根本的突破，不能真正地创造价值。在任何时候，我们都要努力从根本上解决问题。

——2019 年字节跳动七周年演讲

背景分析

今日头条APP刚发布没不久，张一鸣意识到个性化推荐引擎的重要性，于是召集所有产品和技术骨干在锦秋家园六楼办公室开会，核心议题是要不要启动个性化推荐引擎项目。当时非常多的人担心今日头条没有"基因"和能力，但张一鸣却坚持不会可以学。

当时中科大毕业的项亮在hulu负责视频推荐研究方面的工作，在2010年3月Resys China推荐系统大会上，项亮受到CSDN总编刘江的影响，写出了一本《推荐系统实践》。

张一鸣知道这本书后，便与项亮取得了联系，想要一份电子版。项亮以书还没有出版为由拒绝了他。张一鸣觉得如果继续等下去，会严重耽误今日头条推荐能力的进度，便自己上网找资料，然后自己想象着写出了第一版推荐引擎。

这充分说明占据主动权的永远是那些不会等到"时机完全成熟再做事"的人，而是那些看到希望就迫不及待地动手干起来的人。

行动指南

产品创新要从根本上解决问题而不是绕过问题，解决的问题很可能就是将来的核心竞争力。

2月18日 推荐引擎

从成立那天起，今日头条一直是智能推荐最早的、最积极的探索者，将"做最懂你的信息平台，连接人与信息"作为我们的使命。创作者发布内容，通过算法匹配，推荐给对这些内容感兴趣的粉丝，两方通过推荐引擎建立起联系。天长日久，我们对创作者和粉丝的信息匹配越来越精准，促进他们彼此之间建立连接。另一方面，通过一次又一次的阅读、分享、评论和收藏，算法积累了越来越多的作者与粉丝的互动数据，进一步潜移默化地影响了整个推荐系统的运行，实现更精准的推荐。

下一步，我们将从智能分发时代走向智能分发和粉丝分发相结合的"智能社交"时代。我们相信这也是社交媒体的2.0时代，通过智能推荐更有效率地获取粉丝。

——2017年11月22日第三届今日头条创作者大会演讲

背景分析

在这次创作者大会上，张一鸣推出了"千人百万粉"计划：未来一年内，在今日头条平台上扶持1000个拥有100万粉丝的账号。按照他的说法，今日头条的粉丝红利期才刚刚开始，基于人工智能技术，今日头条可以为更多创作者更快更好地获取、沉淀粉丝。

这就是张一鸣之前在内部提出的，要搭建全球第一的创作者社区的具体实施。

行动指南

坚持使用算法推荐，更新换代推荐引擎，提高智慧程度。

2月19日 AB测试是工具

同理心是地基，想象力是天空，中间是逻辑和工具。AB测试只是一个工具而已，是测不出用户需求的，同理心才是重要的基础。如果没有同理心，做出的产品肯定没有灵魂，不能满足用户需求。但是光有同理心还不够，这样只能做出有用的产品。想要做出彩的产品，想象力非常重要。

在今日头条还非常简陋、信息非常少的时候，我们就想象着今日头条的feed连着一根智能的天线，天线连着无边的信息海洋，每一刷，就会从海洋取回此时此刻此地你最感兴趣的信息。所以我们努力涵盖各种各样有用的信息，从新闻到图片，从三农到学术。

抖音也是如此，想象全屏的视频让手机变成一扇窗户，你透过这个窗户看到一个丰富的世界，抖音是这个五彩斑斓世界的投影，感觉非常奇妙。如果没有想象力，你可能只会做出一款对口型的热门应用或者搞笑视频软件，抖音也不可能从一款炫酷的音乐舞蹈小众软件，演化成包容美丽风光、戏曲艺术、感人故事、生活消费的大众平台。

——2019年字节跳动七周年演讲

背景分析

标签可以帮人快速认识世界，但是也容易让人片面理解事物本身，在人们给今日头条贴上"AB测试公司"标签的时候，往往忽视了他们本身所蕴藏的同理心和想象力。《史蒂夫·乔布斯传》曾有过类似的表述："苹果公司本身，乔布斯认为这是他最伟大的创作。在这里，想象力被培育、应用和执行的方式极具创造力，这使苹果成为全球最有价值的公司。"对于一家极具创新能力的公司来说，这才是他们的基础。

行动指南

不要迷信AB测试，要有同理心和想象力。

2月20日 务实浪漫

外界对我们有很多描述，说字节跳动是个过于理性的公司，张一鸣是一个过于理性的人，什么"AB测试公司""APP工厂"之类的，我非常不认同。昨天去锦秋家园的路上，想起这些故事，我觉得，我们是一个非常浪漫的公司啊。同事跟我说是不是叫理想主义，浪漫有点贬义，听起来不靠谱。我说不是，理想主义还不够，浪漫比理想主义更浪漫，只不过我们是务实的浪漫。什么是务实浪漫？就是把想象变成现实，

face reality and change it。

——2019 年字节跳动七周年演讲

背景分析

张一鸣解释今日头条不是 AB 测试公司的原因是，江湖流传，即使是今日头条的人也不知道今日头条有多少个 APP 产品，而且每一款产品的绝大多数流程都要经过 AB 测试，从取名到产品设计，无一不经过 AB 测试验证。我们看到张一鸣为此做解释，更要看到字节跳动公司的实际行动，AB 测试显然是今日头条做成产品的有效招数。

行动指南

浪漫也要务实，擅长 AB 测试。

2月21日 计算用户喜好

我们面临如何知道用户喜好的问题，但方法并不是直接研究喜好，而是计算希望近期达到的目标。今日头条给用户推荐资讯，我们肯定是希望用户看，我们有一个最重要指标是"信噪比"，会预测用户在 100 条内容里面，哪些会点击打开、评论或分享，这是不是一定能够代表他的好恶？不完全，但是接近。比如我们发现，分享、收藏和评论的用户是不一样的，我们会根据这些动作给他一个权重，让机器去预测用户行为，但机器不是直接算出"好恶"，而是根据跟他有相同属性的一群人来预测。

——2015 年 7 月 14 日吴晓波对话张一鸣

背景分析

今天大家都会抱怨"信息茧房"，但在门户网站时期，更多的情况是用户很难找到自己需要的信息。传统的编辑群体凭借主观经验，不停引导筛选用户，而不是服务用户，今日头条则改变了这个局面。

行动指南

少主观研究，多让机器计算。

2月22日 把目标推远

以前我们讲春种秋收，要很快见到成效，但这个时代的变化就是，你不需要有特别急着收获的想法。你要去想如何把优化的目标推到尽可能远；要去想，你最终想做的事情可以推演到多大。像建筑，其实它影响到城市，影响到社会。电商影响到消费方式；现在谷歌从搜索到社交、到安卓操作系统，现在到人工智能。

所以我觉得，现在能够胜出的企业都已经把优化的目标推得很远。如果只考虑说怎么样六个月能拿到融资，但是再往下就没有竞争力了。

——2016年4月12日王石对话张一鸣

背景分析

阿里巴巴从创立到2012年之前都没有利润，京东连续多年亏损，滴滴美团更是如此，现在的互联网公司都已经明白了要先做规模再想盈利的道理。张一鸣在读企业传记的时候，也有了类似的领悟——特别伟大的企业都是坚持最优化发展。因此，今日头条才能在后来的发展过程中，更加努力投入资金收购其他企业，购买未来。

行动指南

低空飞行，看到更长远的机会，坚持最优化发展。

2月23日 愿景要大

相信在2016年我们非常有机会,并且必须成为国内最大的资讯平台。当然这并不是我们的终点,这或许是别人的终点,但不是我们的终点。我跟今日头条号的同事谈2016年的目标,他们提了一个部门愿景,想很久很久之后,始终不敢提叫作"中国第一内容创作平台",他们提的是"逼近中国第一内容创作平台"。希望到2017年,能把"逼近"两个字去掉。

到2018年,希望再进一步成为真正市场的绝对第一名,能够占到一半。到2019年全球化全面成功,能够成为全球第一的创作平台。到那个时候,我相信今日头条是有机会跻身下一个市值千亿美元的公司的。

千亿美元市值的公司,这是忽悠吗?这个想法其实在融资的时候是没说的,融资的PPT上我没写它。但这个想法心里是有的,我跟少数几个同事沟通过,一直没有跟大家沟通。在年会的这个时候把这个目标跟大家一起分享,希望和大家一起共同来达到这个目标。最后我们再回过头来,2016年第一目标是决战国内第一!

——2016年3月今日头条年会演讲

背景分析

今日头条最早期的产品经理黄河曾经说过,张一鸣能从激烈的竞争中脱颖而出,有一条方法,就是团队敢于定很高的目标。愿景非常大,也能推着员工们一起前进,一起很极致地努力工作。

行动指南

敢于提出更大的愿景,带动公司做出最大的努力。

2月24日 理解算法理解人

这两个基础之上，一方面理解了人，一方面理解了信息，就有可能让机器把这两者连接起来。

我经常遇到一个问题，机器真的能理解这么准吗？纯算法真的能战胜人吗？算法不能战胜人，但是算法是基于人之上的，可以战胜人。

——2013年12月张一鸣在钛媒体Ti创新者大会演讲

背景分析

所谓基于人之上战胜人，意思是指算法是站在大量用户行为的基础上，知道一个具体的人的喜好，然后就知道与这个人类似的人想要看什么，然后推荐给他对应的信息。在今日头条之前，再好的新闻媒体也不能预知每个用户所需，他们只能展示最近新发生的事情，而基于算法的今日头条做到了这点。

行动指南

充分利用算法，相信算法是基于人之上的，可以战胜人。

2月25日 调教算法

算法是一个生命体，你要调教它，驯养它。这个想法我在2011年的时候才开始萌发，开始只是想怎么样更好地满足用户对信息的需求，后来研究下去，用户对信息需求有越来越多的特征，比如说，不同人的信息需求不同，同一个人在不同时间对信息的需求也不同。算法对特征规律的总结与存储是要不断训练调教的，而且是因人而异的、动态的，就像一个自我演化的系统。你在看它（算法），它也在看你，它看你看得认不认真，并且不断地在做感知、存储、判断这一系列动作。算法是社会化的，观察你就能推导出他，因为你们有共享的特质。推荐系统很有意思，是活的，你做好了摆在那儿，它会越来越好。

——2014年张一鸣极客公园演讲

背景分析

人们责怪算法不灵敏的时候，往往不会想到，传统新闻媒介背后的编辑是人，人不灵敏的时候远比机器多。机器只要改进一次，相同的问题就不会再出现，而编辑是会再犯的。算法是一个需要不断改进的系统，即使是今日头条也不例外。

在今日头条发展过程中，其背后的推荐算法有过多次革新，初代是张一鸣自己做的，后来杨震原的加入实现了一次技术升级，再后来陈雨强加入将热度排序算法升级为大规模离散算法，又实现了一次技术升级。不断吸引更优秀的工程师，不断革新算法，才有了现在今日头条的算法护城河。

行动指南

不断引进技术人才，不停改进算法。

3月

竞争哲学

3月1日 谈腾讯

　　一个身价两百多亿的老板不作秀、不爬山、不吹牛、不打口水仗、不接受采访、不上电视杂志，以身作则像一个基层员工一样每天脚踏实地测试产品，无止境地改进产品的体验。这才是腾讯成功的最大原因。而被腾讯打败的失败者们始终没有认识到这一点，要么骂他靠抄袭，要么说他靠QQ才能成功。

——2010年8月张一鸣微博

背景分析

　　早期互联网公司创业者与20世纪90年代草莽时期的生意人很像，往往在创业期异常勤奋，而在成功后迷失自己，失去自我管理能力。要么以成功学大师自居，要么沉浸在个人爱好中，要么开始做很多浮华的事情，"作秀""爬山""打口水仗"，张一鸣这段话可以说指向非常明显了。

在 2010 年前后，指责"腾讯"是一种网络上流行的"政治正确"，而张一鸣却不合时宜地说着实话，显然他对腾讯有着深入的思考和独特的理解。

行动指南

不要盲目跟风，要对大公司有自己的思考。

3月2日 挖角百度

没有没有。大部分顶尖的算法工程师还在百度。

——2016 年 12 月 14 日张一鸣接受《财经》采访

背景分析

张一鸣说这段话的背景是，财经杂志问他是否花费两倍价钱从百度挖走大量工程师，结果他答非所问说了上面这句话，翻译过来就是："我们当然挖了，只不过还没有挖完，百度还有很多算法工程师。"

自今日头条创建以来，今日头条一直把百度当做人才库，不论是早期第一个技术高管廖若雪，还是后来技术线负责人杨震原都出身百度。尤其是杨震原入职后，包括朱文佳、李磊在内的百度算法人才更是蜂拥进入今日头条。对于挖角获取人才这件事，张一鸣从来没有负担。

行动指南

找到自己的人才库，获得优质人才。

3月3日 对比巨头

百度的商业策略是比较看重三年内的盈利，他们是广告变现导向；而腾讯是用户时长导向，他们更在意用户是不是在腾讯盘子里玩。

今日头条的导向是偏腾讯，加一点华为。华为很重视底层和基础设施。我发现公司越强大就越往底层走，更往整个社会的基础设施走，上层可以空出来，比如操作系统、芯片、云。

——2016年12月14日张一鸣接受《财经》采访

背景分析

2016年前后，今日头条已经在中国互联网界声名鹊起，那时候所有人都将今日头条与百度对比。这里面有三个原因：第一点是张一鸣从百度获取了大量人才，几乎是用百度人重建了一个公司；第二点是人们习惯于将当时今日头条最出名的推荐引擎与百度搜索引擎进行业务对比；第三点是今日头条目标付费群体与百度重合，商务变现团队大量撬走百度的广告商。

人员相同、业务相近、变现相似，大家很容易将今日头条理解成另一个百度，然而张一鸣自己的类比对象却是腾讯和华为。

因为张一鸣用了发展的视角看问题，他看到随着今日头条的壮大，公司的服务会越来越往底层走，在基础设施上走出新路。后来，今日头条果然超越百度，和腾讯成为竞争对手。

行动指南

站在发展的角度理解竞争。

3月4日 选择微博

微博是一个比较克制中立的公司,不会像BAT(百度、阿里、腾讯)那样乱战,我们希望能够保持独立而没有倾向性。

——2014年6月5日财新网采访张一鸣

背景分析

2014年6月,今日头条获得1亿美元C轮融资,估值达到5亿美元。张一鸣表示,自己已经找到清晰的商业变现模式,给投资者展现了未来可以跨国发展的可能性。张一鸣这次的融资对象主要是新浪微博,显然他的目的是想避开BAT之间的战争。因为他之前就已经提出,自己不想成为腾讯员工,也不考虑卖给BAT。他要将字节跳动做成一家独立发展的公司。

行动指南

早期选择中立盟友,避免陷入巨头大战。

3月5日 竞争是最好的蓝军

我其实不止一次听到团队说,哎呀,这个竞争怎么没完没了,到底什么时候才结束。

我觉得要以平常心对待竞争对手,要把竞争当作常态。不要想逃脱竞争,竞争也是好事。我甚至觉得,不应该通过并购来结束竞争。我们看到很多通过并购消灭对手的公司，越来越自我感觉良好，最后都懈怠了。

竞争对手是很好的蓝军。竞争对手可能有产品创新、市场策略等好的方面值得你学习。哪怕是竞争对手推动的批评文章，我们也认真看，而不是愤怒。也许文章里80%都有问题，但20%是对我们有启发的，那我们应该吸收那20%。除了竞争对手，没有人会那么认真挑你问题。

——2021年3月字节跳动九周年演讲

背景分析

凯文·凯利在《失控》一书中将互为竞争对手的双方比作"强制合作"。2021年"祝融号"火星车降落火星成功，在世界范围内引起巨大震动，很多NASA科学家都在网上发文庆祝，原因竟然是美国终于有了竞争对手。

苏联解体之前，美国与苏联进行太空竞赛，进行了包括登月在内的一系列太空探索活动。然而苏联解体30年以来，美国越来越没有太空探索的动力，星球大战成为了一个单纯的影视IP，登月事件的真实性一再受到怀疑。失去竞争对手，就意味着失去前进的动力。

张一鸣说竞争对手就是最好的蓝军，这是一种积极向前的竞争观。

行动指南

正视竞争对手，保持积极进取之心。

3月6日 竞争状态的办公环境

我有个体会，我参与或创办的创业公司，越在粗糙的环境中成长得越快。我自己是很不重视环境的精致度的，简单干净就好了。过去尽管有同事不断跟我说，环境影响了招聘：在公寓的时候说办公室太小，在盈都的时候说环境太差。但我一直怀疑这未必不是一个好的正向选择：优秀的人并不 care 这些。何况许多公司搬到好的总部就萎靡了，比如 SUN 公司、雅虎公司、Evernote……

——2016 年 3 月张一鸣内部信

背景分析

在张一鸣看来，优秀的人未必在意办公环境，但从 HR 的角度看来，越好的环境越能吸引更多人才。不过，对于总部的选择确实不能只贪图安逸，而应该考虑更多的要素。

迈克尔·波特在《国家竞争优势》一文中提出过选择总部的标准：企业所选择的地点应该聚集了挑剔的客户、重要的供应商、各式竞争对手，尤其要具备生产要素的创造机制。今日头条的起始之地华清嘉园和盈都大厦云集着许多互联网创业公司，员工每天进来出去都能见到自己的合作伙伴或者竞争对手，一来能加强交流，提升对行业的敏感度；二来也会有更强的进取之心。

行动指南

初创公司，在粗糙的环境中竞争力更强。

3月7日 公司竞争的核心是 ROI

我们重视技术，而重视的体现之一是工资。我一直认为，公司竞争的核心是 ROI（投入产出比）水平而不是成本水平。几乎没有行业领头的公司是控制人力成本来实现领先的，公司应该有好的 ROI，而这个好的 ROI 需要通过让员工收获好的 ROI 来实现。

——2016 年 12 月 14 日张一鸣接受《财经》采访

> 背景分析

张一鸣对于薪资的重视帮助今日头条打造了良好的雇主品牌。BOSS 直聘做过一个调查，调查显示计算机专业的大学生心中排名第一的雇主不是 BAT，而是今日头条，其中最大的原因莫过于今日头条能给出更有竞争力的薪资。

> 行动指南

不要在成本上竞争，要在 ROI 上竞争。

3月8日 早期减少站队

因为巨头之间是互相防范和进入对方的领域，如果你站队的话，可能竞争会更激烈，这是很有可能的。我们倒没有特别说绝对不能站队，或者不可以站队，我觉得如果有机会相对独立地做大，可能更有意义。因为其实互联网这种格局也比较长时间了，如果能够有新生的公司起来，新兴的平台起来，我觉得这本身也是一个很好的示范吧。

——2016 年 11 月 29 日《对话》栏目采访

> 背景分析

2010 年之后，BAT 三分天下格局初步形成，三大巨头之间竞争非常激烈。很多创业公司把 BAT 视为"深口袋"，因为只要对方投资自己，自己不但能得到资本加持，还能得到很多资源扶持，但是他们没有意识到，自己在不知不觉中已经被另外两家视为敌人。创业公司接受 BAT 投资往往也意味着独立性的丧失，这对于成长是非常不利的。在字节跳动发展过程中，虽然三家都提出过对今日头条投资，但是张一鸣都避开了，现在看来，真的是帮今日头条躲开了太多攻击。

> **行动指南**

不要站队太早，以防陷入巨头的竞争对抗。

3月9日 平常心

过去一年跟很多同事有交流，我觉得保持平常心的人，比较放松，内心没有扭曲，观察事物细腻，实事求是，比较有耐心。他们往往更能把事情做好。

大多时候，人在没有偏执或者杂念的情况下，都能够有很好的判断，有个说法是"本自具足"。保持平常心才能做出非常之事，我们周年的主题是"Remain Grounded, Keep Aiming Higher"，我的理解，这两句意思是相似的，只有心态越平稳，才能扎根越牢，才能够有魄力、有想象力去做更难企及的事情。

——2021年3月字节跳动九周年上的讲话

> **背景分析**

张一鸣这段描述与《活法》第二册中的说法非常相似：

"我们应该用平常心来看待事物，即使这么做看起来对我们个人有所不利。如果发现做错了，便该勇敢承认错误。只有用无私的眼光来看待事情，问题才会迎刃而解。但是，如果我们首先不抛开自大的天性，双眼将会被欲望的云雾所蒙蔽，从而导致一味追求快乐与奢华，而真理还是难以明了于胸。然而，看到真理还是不够，拥抱真理要有飞蛾扑火的勇气。假如我们能以平常心来看待事物，愿意牺牲自我，就没有无法克服的难题。"

随着字节跳动的发展，张一鸣越来越抽离业务，也越来越能够站在更高的视角看待问题，不知不觉中，他的思维已经趋近于他的偶像稻盛和夫。

> 行动指南

保持平常心看待事物。

3月10日 吃饭时好好吃饭，睡觉时好好睡觉

当我们讨论一个话题的时候，首先需要了解清楚，这个话题到底是什么？因为概念一般都很抽象，既然很抽象，就很容易有偏差。

"平常心"是一个佛源词，汉语中有很多这样的词语，比如"精进"和"想入非非"。"平常心"在百科里的定义是："在一切环境和一切行为中，保持无差别不偏执（unbiased）。"

在现代心理学也有一些解释，大意是说："尽力而为，顺其自然，从容淡定。"

如果大家在今日头条上搜索，还能发现其他一些文章、概念和解释，常见的有：let it be/let it go（顺其自然）、common sense（常识）、intuition（直觉良知）、正心诚意。像"不离日用常行内，直到先天未画时"，说的其实就是 intuition（直觉良知）。还有像互联网圈比较流行的"回归本质，实事求是"，以及"接受不确定性"。如果用最直白的话来说，就是："吃饭的时候好好吃饭，睡觉的时候好好睡觉。"

——2021年3月《平常心做非常事》演讲

> 背景分析

张一鸣解释"平常心"的时候提到了"佛源词"这个概念，并且举出了"精进"这个例子，那我们不妨引申下。

释迦牟尼认为，要想达到大彻大悟境界唯一的修行方法就是"精进"；稻盛和夫认为所谓"精进"，就是一心扑在工作上，专心致志于眼前所从事的工作。

张一鸣对"平常心"做出的直白解释是"吃饭的时候好好吃饭，睡觉的时候好好

睡觉"。

其实，他们所论述的都是一种心无杂念的状态。在他们看来，现实世界竞争越是激烈，人们越是需要减少胡思乱想，认真做自己的事情。

> 行动指南

尽力而为，心无杂念。

3月11日 接受自己

两年前，我在"开言英语"上，听到一本畅销书叫 The Power of Now（《当下的力量》）。其中有一段话：所有的消极都是由心理时间的累积和对当下的否定造成的。不安、焦虑、紧张、压力、忧虑——一切的恐惧都因过于关注未来而引起；愧疚、遗憾、怨恨、委屈、悲伤、苦涩——一切的不宽恕都因过分关注过去而出现。

这个描述可能听起来很严重。我想举一个自己的小例子。我在生活中，不算特别有规律，也不算特别有纪律性，经常看手机、听音乐、看今日头条、刷抖音西瓜，跟外界传说的不大一样。有时候晚上计划做一个工作，但后来被西瓜上有意思的内容吸引了，看了很久。睡前又有点懊恼，唉，我要做的事情没有做，然后报复性地工作一会儿，但又导致晚睡（我真心觉得睡眠很重要），第二天重要会议上精神很不好。其实这个时候，你应该做的是赶紧去休息。我现在虽然还经常没计划，但是至少发现太迟了，不懊恼，马上去睡了。

——2021年3月演讲

> 背景分析

很多人在知乎上指责张一鸣做出的抖音是奶头乐，嘲讽他是"贩毒不吸毒"，认为他本人从来不刷抖音。让人没想到的是，张一鸣竟然是一个中短视频的深度用户，甚至会因此影响睡眠。他的反应也跟大多数人类似，在发现自己浪费时间后，竟然也会报复性工作，因此导致熬夜。

这里面比较宝贵的地方在于他反思衡量的行为，报复性熬夜工作得不偿失，所以不如索性接受自己是平常人，当创业者犯下错误时，也要学会接受自己，不要报复性弥补，以免造成更大的实际损失。

行动指南

接受自己，理智管理自己。

3月12日 每个人都是平常人

平常心对待自己。最基础的是，认识到每一个人包括自己，都是一个平常人。

一些媒体在报道创业公司、人物故事的时候，希望加上戏剧性，要么经历显得很传奇，要么人物特点非常突出。我以前接受采访的时候，对方也希望我分享曲折的故事。

我常常说没什么特别的。其实在我看来，大部分事情，都是有原因、有道理的，没有特别难以解释或者特别不寻常的部分。真的是这样。随着业务的发展，我认识越来越多的人，包括很多非常有特长、有能力的人。

我自己的一个感觉是：也许在知识经验上有些差别，但是从人的角度来说，大家都还是非常接近的，是平常人、普通人。

但有一点，能取得很好成就的人，他们往往保持很平常的心态。也就是说，保持平常心，接受当下的自己，把自己做好，往往就能把事情做好：平常人也可以做非常事。

——2021年3月演讲

背景分析

其实张一鸣的很多事情都已经非常有传奇性了，只不过他一直保持着心态上的平和，所以始终没有过高或者过低地看待自己，这也让他始终保持着良好的做事心态。

他这里所提到的平常心，是指一种做事时候平稳的态度，不会因为地位高不屑于做，不会因为地位低不敢做，始终保持着稳定工作的状态。

行动指南

平常心对待自己。

3月13日 悄悄创新

2014年，无论是对我，还是对我的团队来说，似乎都不那么太平，但我觉得这是一个人、一个企业走向成熟必须经历的过程。可能很多人都知道搜狐、广州日报质疑今日头条的事，说我们不生产新闻，只是新闻的搬运工，对于这样的说法，我是非常不同意的。

什么是今日头条，今日头条都做什么事？今日头条是一款具有颠覆性意义的反传统新闻客户端，这个软件能让你每天看到最有人气、最个性化的新闻，及时了解正在发生的大事，让你看到你在其他地方看不到的精彩热点新闻和网友的精彩评论，让你不再淹没在浩瀚嘈杂、质量参差不齐的讯息当中。

很显然，我们的目标是帮助用户更有效地发现信息和交流，这不是一个简单的搬运过程，我们需要对内容进行研究。我们与很多名企合作，他们希望把他们的内容或是他们生产的内容，抑或是具有商业价值的广告，投递给那些对他们感兴趣的用户，这是对企业而言。而对于用户而言，他们希望能够尽可能早地获得信息，在大部分情况下，我们都是非常受双方欢迎的。除此之外，我们也是在最短时间内达成在移动端拥有最多媒体合作的一个产品。如果只是简单地把我们比作新闻的搬运工，一来表述不够确切；二来容易让人形成刻板印象。所以，我不同意这样的定位，我坚信自己的产品是一个好的产品。

今日头条并不是没有压力，他同样面临着竞争和挑战。就在前不久，搜狗联合腾讯推出的"微信今日头条"，被业界看作是今日头条的强有力的追赶者。其实，做任何一个项目都会存在竞争，我认为今日头条迎接挑战的最好办法就是大胆地创新，追求极致快速地往前跑，而不是把专注点放在竞争上。如果把专注点放在竞争上，我们就会回头看，去比资源，比一些现成的东西，这样一来，就会分散大家的精力，浪费公司的资源。所以，我认为避免竞争最好的办法就是创新，如果再在"创新"前面加上个前缀的话，就是悄悄地创新。

——2014年张一鸣参加《超级脱口》采访实录

背景分析

2014年字节跳动发展得非常快速，当时很多人提出关于今日头条上市的设想，很多人觉得融资1亿美元后应该走上市的路，但是张一鸣却觉得不合适。一方面的原因是今日头条变现能力非常好，在流动性方面没有问题；另一方面就是张一鸣本人的考量——如果公司上市，股东就是公众，就要向他们披露更多信息，而他觉得行业变化非常快，必须在保密情况下才能快速行动，赢得竞争。

行动指南

避免竞争的最好办法就是悄悄地创新。

3月14日 团队是赢得竞争关键

战略很重要，但是团队也相当重要，我自己有切身体会的。酷讯和去哪儿竞争，方向很清楚，但是差距越来越大。当年海内和开心竞争，对开心的数据产品也很了解，可惜就是眼睁睁看着对手从产品到推广上的节节胜利。回到现在团购网站，模式非常简单也没有什么门槛，但是也能拉开这么大的差距。

——2010 年 7 月张一鸣微博

背景分析

这一年张一鸣才 28 岁，在九九房做 CEO，他那时候已经通过复盘酷讯和去哪儿、海内网和开心网的竞争有了自己的思考，他意识到在战略方向相同的情况下，人才团队是竞争的关键。

行动指南

越竞争，越抢人。

3月15日 三思而快速迭代

创业路上会有很多不确定性，我们决策时纠结犹豫，说好听一点就是"三思"。三思没有问题，是人之常情，作为一个不那么激进的创业者，我也常有这种状态。但用产品经理的话来讲，三思后的迭代速度必须快。这也是一种创业必须要有的心态。

——2016 年 1 月张一鸣获"创业邦年度创业人物"演讲

背景分析

在笔者之前的一次拜访中，我们曾经问过张一鸣一个问题："在今日头条创业早期，为什么不一开始就做今日头条，而是要先做搞笑囧图、内涵段子等其他产品？"张一鸣给出的回答是："你不要想上来就做个伟大项目，然后做做做，做很久，不要憋大招，要快速迭代。"

张一鸣创建今日头条的 2012 年又被称为"互联网的万历十五年"，那时候大多数人都是无感的，而张一鸣却感觉到移动互联网增长速度太快，自己必须赶紧做。

另外，360 和百度作为当时的当红公司，也是业界公认距离推荐引擎只有半步之遥但却没有一跃而过的公司。这两家公司对于信息分发实践的迟疑不定，与张一鸣的快速推进形成了鲜明对比。

行动指南

想清楚战略方向后，产品快速迭代。

3月16日 远离江湖恩仇

问：现在大家都在讨论当前技术环境下产业结构的问题。你的 APP 是一个入口，用户从这个入口进来，再被分发到各个网站。这么看来，你们赚钱是不是太容易了？

答：我们现在还是亏损的，没有挣钱，他们看到入口融了钱，你可以说商业环境不够好，或者入口太强势，没问题，我们之前考虑内容生态计划，但是目前还没有成为很强大的入口，只是有这个趋势。如果我们真的非常强大了，利用竞争优势对我们提出抗议，这是我可以理解的地方。但是我看到很多评论说当年纸媒就是被这些门户坑的，越扯越远，还是比门户三倍五倍的价格要回来。这让我无法回应。如果说入口太强势，不公平，这是可以沟通的。

我们跟很多传统媒体合作，给他们提供技术工具，也想发布一款帮助传统媒体转型移动互联网的工具。我们提供快速生成，移动互联网网站 APP 应用，目前已经生成一些了。但是我们不接受一上来就说回顾当年门户的仇恨史，门户那个时代，我还没有入行呢。

——2014 年 6 月 6 日 张一鸣对话 DoNews

背景分析

张一鸣这里提到的"门户网站仇恨史"形容的是 2010 年之前网易、新浪、腾讯、搜狐四家新闻门户崛起之时，因为版权问题与传统媒体激烈冲突的往事。今日头条崛起过程中，吸纳了大量传统媒体的内容，难免让人想起当年四大门户抓取传统媒体内容的往事。张一鸣采取的策略是积极帮助生产内容的传统媒体做好线上化，尽量不树敌，尽量避免站到当年门户网站的位置。

行动指南

远离过往行业仇恨史。

3月17日 高调低调，取决用户

有同事曾批评我，觉得我露面不够多，接受采访不多，不爱发表演讲……但我明白，早期采用高调公关是没用的。所以，我有时会辩解：低调没问题啊，公司不也发展这么快吗？

其实，无论高调还是低调，都取决于对公司对产品对用户是否有益，和自己的心理需求甚至功利心无关。

回到你的问题，无论是我还是公司，现在确实需要更多地面向公众，需要让自己让公司被大家了解，毕竟累计有 2.4 亿人在使用我们的产品，有 2000 多万日活用户，是一个很公共的产品，我们有责任和义务让大家了解，这次来成都也有这个目的。

——2015 年 4 月 23 日《成都商报》采访张一鸣

背景分析

　　创业者本身就是公司的一部分，接受多少采访公关，不由自己的功利心驱动，而是服从于公司利益。如果创始人本身不爱露面，早期是可以的，但当用户达到一定量级，他就必须得面向大众。

　　普罗大众对于公司没有具体概念，反而更容易记住人设，创始人有责任和义务站出来说话，为公司建立更好的形象。

行动指南

　　用户越多，越要更多人了解公司。

3月18日 把事情做好才是挑战

　　如果你是一本杂志的主编，在地铁上看到有人看你们的杂志，一个人这一页看得好认真，折了一个角，还做了笔记。另一个人不喜欢看，翻了两页就丢一边了。纸媒在给读者创造内容的时候，也要观察读者，只不过一直没机会。以后我们会给入驻今日头条的媒体提供一个功能，可以看到实时流量和实时的人群变化，比如说一条新闻北京的媒体人都收藏了，上海金融圈很多人都点不喜欢。

　　做今日头条这类推荐搜索引擎的提升空间还很大，难度挺高，前面肯定不止一个对手，阻挡一个人会耽误你往前。就像赛跑，你的目的不应该是挡住一个人，因为你挡住一个人，另外的人也会超过你。你应该尽可能地向前看，往前跑。目前还没到竞争非常激烈的阶段，方向上还会有演化。现在对我来说，如何把事情做好带来的挑战，比与其他人竞争更大。

——2014年张一鸣极客公园演讲

背景分析

埃里克·斯米特在《重新定义公司：谷歌是如何运营的》一书中，提到这样一个现象：

"许多企业领导者非常关注自己的竞争对手，这让我们颇感诧异。走进一间坐满大企业资深管理者的会议室，你会发现他们常常因查看手机和想别的事而分心，而一旦提到有关竞争对手的话题，他们就会立即正襟危坐。"

这背后的原因在于，这些企业领导者在探索道路上瞻前顾后，却花费大量时间观察和模仿对手，因为紧盯着对手，会给他们带来心理上的慰藉。

这是一种非常不好的心态，这种心态像吗啡一样，可以给人提供假装努力的麻醉作用，而且非常容易让人成瘾。

真正的创新者不应该被几个百分点的优势牵着走，而是全神贯注于自己的事，因为把事情本身做好比一味竞争更重要。

行动指南

不要看对手，要往前看。

3月19日 all-in 有时候是偷懒

我特别想说：不依赖捷径，少用杠杆。

举两个例子。很多人做业务会说要 all-in（扑克游戏术语，全部押入），一下子结束战斗。我自己觉得，随便说 all-in 的团队有很大问题。all-in 有时候是一种偷懒，如果你想得很清楚了，战略应该如此，那没有问题。但我的感受是，在很多时候，只是"我不想再想了，就这样吧，行就行，赌一把吧"。

还有一种走捷径的方式是：对事物的过度抽象，对方法论的过度追求。我自己的感受是，方法论其实没有那么有用，大部分情况下甚至可能是没什么用的。因为你对一个事情抽象，相当于思维上加杠杆。一旦这个杠杆加错，通常是失之毫厘，谬以千里。

其实这种现象有一个对应的说法，叫作"理性的自负"，这也是人的ego（自我）。因为知识有限性是非常明显的，很多是非结构化的知识，过度地使用概念其实是无助于理解的，避免过度抽象使用方法，也是一种平常心。

——2021年3月字节跳动九周年演讲

背景分析

不知道什么时候起，创业变成了跟赌博一样的事情。all-in在近些年变得非常流行，似乎每个公司只要all-in，就能成功。事实上，他们的all-in只是资源上的全力投入，并不是自己本人的全力以赴。越是认真负责的创业者，越会谨慎思考，步步为营。

行动指南

不依赖捷径，少用杠杆。

3月20日 耐心长跑

有一次讨论业务竞争，我印象深刻。有一个团队说，哎呀，对手增长又快了，我们赶紧做点什么。我说，原来比对手落后的时候，我们想很多的方法来提高，但没有心理包袱，大胆地想象，大胆地行动。现在，我们比对手领先了，反而做不到平常心，太怕失败，动作可能变形。

我问他，你打游戏吗？打游戏有没有遇到过这种情况，某个游戏要过100关，你打到99关的时候，就容易手抖。你想着，"我这好不容易到99关了""我一定不能犯错误"，然后一般你就会挂了。

平常心对待成功和失败，也包括不要错误归因，把外因当作内因，不要把运气当作能力，要找出成功或者失败的真实原因。我们最早做短视频，城市用户的留存不太好。讨论时，一个同事觉得肯定是因为城市白领做脑力劳动多，更倾向于图文表达。总结的逻辑乍一听很有道理，现在我们知道，事实并不是这样。

我不是说所有的结论都不对。只是要承认有的事情我们不知道。人很不喜欢不确定性，所以对成功和失败都希望找到符合自我叙事的归因。

——2021 年 3 月字节跳动九周年演讲

背景分析

今日头条做短视频这件事，就是一次持续数年的长跑。2014 年，张一鸣和宿华谈过收购，但是没有成功。2015 年初，今日头条开始在年会上讨论做短视频的事。在此之后，张一鸣从百度挖来宋健开始做今日头条视频。后来又开始尝试"火山小视频"和"西瓜视频"，今日头条不停长跑数年，直到最后做出了抖音这个短视频终结者。保持平常心，耐心长跑，接受不确定性，对于创业者非常重要。

行动指南

不把外因当内因，不把运气当能力。

3月21日 突破边界

说到人工智能在互动中的应用，我可以给大家介绍一个今日头条的新项目，叫今日头条问答。

传统意义上的问答，基本都是社交模式，存在很多的问题，在我看来这恰恰是人工智能和算法可以解决的。

比如，今日头条上是算法来帮用户找到适合回答问题的人，在同一个问题下，机器会知道怎么样排序能够对不同的用户更友好、更合适。算法就可以把类似"长沙人在哈佛读书会不会吃不惯"这样的问题推送到刚刚提到的那位学生的手机上。另外，算法现在还在尝试在热门事件里自动生成问题，并且插图，对相似问题去重。

我们今日头条实验室负责人李磊博士对这方面颇有研究，今年召开的 ACL 2016 就收录了他关于问答的一篇论文，主要研究的问题是要解决知识类问答。

知识表示和推理是人工智能领域的研究难题，也是最核心的问题，它的研究一般会涉及深度学习、概率图模型、矩阵分解和稀疏方法、核方法、决策树等。这项研究成果也正在今日头条问答项目中应用，我们希望对于一些简单的问题和事实类的问题可以通过自动回答的方式去解决，这样就可以节省专家人力。

——2016 年 11 月张一鸣乌镇演讲

背景分析

这里的"今日头条问答"其实就是后来与知乎正面对打的"悟空问答"。张一鸣的这段描述甚至会让人有一种感觉，今日头条问答是一个机器回答产品，而不是知乎这种问答社区，显然他是在故意模糊今日头条问答的概念，避免引起知乎的警惕。不过，这也可以看出张一鸣在产品上仍然在探索新的模式，试图用新的推进引擎重构问答产品。

行动指南

突破边界，重构产品模式。

3月22日 遵守避风港原则

PC 端没有适配的问题，每个都是适配良好的网站，所以 PC 端有很多的流量导给了原网站，跟今日头条合作的网站获得了很多流量。但手机端不同，手机端不仅存在页面适配，有些 JavaScript 代码甚至会导致客户端崩溃。所以为了提升用户的体验，今日头条有很多的研发力量着力解决这些问题，对手机端网页进行转码。

转码技术最大限度地保留了原网页的元素，比如原网页的 Logo、链接和微信号等。并且用户通过今日头条分享到邮件、微博的链接都是指向原页面的。

我们会跟原网站合作，如果原网站已经对网页进行了手机适配，今日头条则不会再进行转码，而是直接链接到原网站，原网站的广告或 APP 下载链接今日头条都不做限制。同时今日头条尊重原网站的意愿，如果原网站不愿意被今日头条转码，可以跟今日头条沟通，今日头条会断开与其的链接，不再进行抓取和推荐。

我们非常遵守避风港原则，即便链接的网页上不存在侵权内容，只要今日头条收到创作内容方的要求都会立马删除。

——2014 年 6 月 6 日 张一鸣对话 DoNews

背景分析

张一鸣这里提到的"避风港原则"出自美国 1998 年《数字千年版权法案》中的"避风港条款"，具体来说就是，如果超链接、索引等相关内容涉嫌侵犯版权，厂商能够证明自己并无恶意，并且能及时删除侵权链接，就可以不承担赔偿责任。

这里说得再通俗点，就是 APP 收到网站通知就删除，绝不锱铢必较。

今日头条早期没有内容生产能力，但是又需要大量内容，竞争对象也不是各大媒体，所以这已经是当时最合适的做法了。

行动指南

遵守避风港原则，减少侵权带来的影响。

3月23日 战略上的藐视

百度进入这个行业肯定对我们有影响。但这个"影响"是否会让今日头条失败？

我觉得肯定不会。我们现在日活跃用户体量大概是手机百度的 2/3，我们用户的停留时常也更长。同时，我并不觉得百度有什么优势是我们所不具备的。

——2016 年 12 月 14 日张一鸣接受《财经》采访

背景分析

　　这一年包括百度在内的所有浏览器都已经开始做信息流，百度上线了百家号平台，开始进攻今日头条的内容腹地。但是当别人问张一鸣怎么看时，张一鸣却告诉对方，自己并不是百度，自己也不会向百度看只会向前看。

　　张一鸣在巨头的攻势中表现淡然，一方面是其凭借严密逻辑建立了强大内心，另一方面则是始终保持的坚定信念。

行动指南

　　在战术上重视对手，战略上藐视对手，集中精神向前跑。

4月 打造班底

4月1日 选创业伙伴如选结婚对象

> 结婚有一个不短的谈恋爱的过程才领证,而找创业伙伴的时间却短非常多。如果结婚是合作60年,创业是合作六七年,那么是否应该用1/10的时间谈谈"恋爱"?
>
> ——2010年5月张一鸣微博

背景分析

创业者们的时间就是资源,他们的时间很宝贵,以至于他们总是花费更多时间做能带来具体收益的事,而将关系公司长远发展的招聘假手他人。

张一鸣用谈"恋爱"来比喻选择创业伙伴,真是无比恰当。蔡康永曾经在节目中提过,他到大陆做《奇葩说》,每天和马东在一起时间比伴侣都长。创业者和自己的班底也同样如此,他们不但要一起工作,而且要一起生活,一起承担市场风险。

选择创业伙伴,是一件必须要舍得花时间的事。

> 行动指南

花时间搭建创业班底。

4月2日 高级人才的基本素质

选择越高级影响越大的人才,越要看一些基本素质:理性、逻辑、修养、企图心、自我控制力。

——2010年8月张一鸣微博

> 背景分析

张一鸣以"机器人般的理性"著称,他所列举的五项基本素质,也是他本人多年的精修总结。

据说,张一鸣从大学开始就不打牌、不玩游戏、不看碟片,还给自己起了个封号叫"道德状元"。

相比于草莽时期的创业者,张一鸣不被癖好左右,从没有任性妄为的时候,几乎是个经营企业的"完人",而这一切的根本原因在于:他非常清楚越高级的人品,才能做到越高级的事情。

张一鸣通过这五项基本素质来挑选人才,可以说几乎就是在挑选他的同类。

> 行动指南

选高级人才,更要看基本素质。

4月3日 公司存在的意义

大家应该了解，我一直很重视人才招聘，对个人的潜力充满期待。我认同德鲁克的说法，对于公司内部来说，公司存在的意义，是通过公司这个方式实现人们的创造力。我会再加上另外一句——让每个人有更丰富、更有意义的经历和体验。对的，和我们用户产品的使命一样：Inspire Creativity, Enrich Life（激发创造力，丰富生活）。

——2020年字节跳动内部信

背景分析

所谓公司存在的意义，就是指公司成功管理的结果。在管理大师德鲁克的回忆录《旁观者》中，曾经有一段更具体的阐释，即公司管理的目标就是激发每个人的善意，要释放人本身固有的潜能，创造价值，为他人谋福祉。

张一鸣曾经多次引用德鲁克的观点，一方面可以看出，他作为字节跳动的领导人不断在更新自己的管理思想；另一方面则是体现出，他挑选人才的思想基础——激发人才，实现人才。

行动指南

激发人才的创造力。

4月4日 好同学好伙伴

有很多因为爱好计算机而结识的朋友，成了后来的创业伙伴或者同事，比如我的室友梁汝波。大二的时候，他去买了一台主机，我买一台显示器，凑成一套，两个人一起用。我们两个微电子专业的人，每天一起钻研编程。后来，我转到软件工程专业，那台电脑就给了他。他后来也成为我的创业伙伴。

——南开大学2016级新生开学典礼演讲

> 背景分析

大学时期，王兴的上铺睡着王慧文，雷军和崔宝秋一个寝室，马化腾和张志东同班，中国互联网圈同学创业非常普遍。

梁汝波是张一鸣在南开的大学室友，实力技术担当。两人大学时一起钻研计算机，学习编程和代码，结下深厚友谊。那时候两人商量过要共同创业，后来张一鸣创办九九房，梁汝波果然如约前来相助。从产品，到研发，再到人事，梁汝波几乎参与了字节跳动每个方向的工作，他就是张一鸣最早的班底。

> 行动指南

好兄弟可以一起创业。

4月5日 好同学好伙伴　意外的接班人

公司当下还有很多重要的事情需要做到更好，我希望有比我更合适的人来改进日常管理，保障公司的健康发展。我不是传统意义上的成熟管理者，我也不是很擅长社交，我更喜欢研究组织和市场原理来减少管理，喜欢自己上网、看书、听歌、发呆。3月份的时候，我小范围讨论了这个想法，并提议让汝波来接手CEO的工作，大家都非常理解和支持，同意了我的提议。

汝波是公司的联合创始人，字节跳动是我和他一起创立的第二家公司了。他在字节跳动陆续承担了产品研发负责人、飞书和效率工程负责人、集团人力资源和管理负责人等工作。公司创立以来，从采购安装服务器、接手我写了一半的系统、重要招聘、企业制度和管理系统建设，很多事情是他协助我做的。未来半年，我们两个会一起工作，确保在年底时把交接工作做好。请大家支持好新CEO汝波的工作！

——2021年5月张一鸣内部信

背景分析

2021年5月20日，张一鸣宣布卸任字节CEO，并且提议梁汝波接任。这是一个非常让人意外的决定。在此之前，外界一直认为字节跳动的二把手是其他人。甚至在2019年时，字节跳动公布的14名向张一鸣汇报的高管中都没有梁汝波，那时候外界盛传梁汝波被边缘化。

不过有一点是确定的，那就是梁汝波始终是张一鸣最信任的人。在2019年重回创业之初的锦秋家园小区时，张一鸣在镜头里反复问身边的人："汝波来了吗？"两个人笑着回忆早期做过的APP产品。

张一鸣将字节跳动托付给梁汝波，这也注定了他不会真的离今日头条而去。

行动指南

信任你的联合创始人。

4月6日 社交招聘

延迟工作时间，增加50%已是理论极限，想要更好的结果要靠方法、状态、配合。

——2010年11月张一鸣微博

背景分析

这是张一鸣回复黄河的微博，黄河是他班底中的第二位成员。2010年的时候，张一鸣在九九房做CEO，那时候迫切需要产品人才，于是经常在微博上讨论相关问题。这年8月，张一鸣在微博上@黄河，谈到自己使用黄河推荐的一款应用软件后，发现了三个不足点。两人就此展开讨论，议题不断扩大，互动转发达到33次。

从工作状态谈到效率提升，两人交流越来越深入。

张一鸣说："现在部分年轻人流行把三四十岁退休作为理想，我不认同，我觉得理想是一直有机会创造、实现想法，有机会修炼、创造到老。为什么会想退休？想退休说明你认为现在是在'忍'。我还有很多很多想法想做，希望三四十岁更有条件去实现想法。"

黄河就回他："所以有人的选择让他取得了更大的成就。但是我也相信，有人的选择可以让他更快乐。"

张一鸣又回："我们最后想要的，很多时候是更大的快乐啊，未必只是成就。"

黄河则说："提高生产率不是通过延长工作时间。健身、娱乐、思考都必不可少。"

张一鸣则转评："延迟工作时间，增加50%已是理论极限，想要更好的结果要靠方法、状态、配合。"

张一鸣曾经把在微博上招人称为"社交招聘"，黄河这位初代今日头条产品经理，就是这样被招入麾下的。

行动指南

社交也是为了寻找人才。

4月7日 和最优秀的人一起工作

我们发现要招到优秀的人，需要待遇好，仅仅待遇好还不够，还要有远大的愿景，要让他感受到不仅在完成工作，还在完成伟大的产品，给很多人提供优质的服务，能够对社会有正面的、积极的影响，这是招到优秀人的条件。待遇是必要的，但是不是充分的。当然，我在招聘过程中经常跟候选人讲，找工作有很多标准，不是只有一个标准叫作"钱多事少离家近，睡觉睡到自然醒"，我觉得最重要的标准不是这个，而是"和最优秀的人做有趣和有挑战的工作"，你看你的团队是不是优秀的，你周围的人是不是值得你学习的，你做的事是不是有趣、是不是有难度，这是最关键的。所以如果在座有选择工作选择事业的年轻人，我也是这个建议，和最优秀的人做有趣和有挑战的工作，这就是标准。

——2015年9月5日中国青年领袖公益演讲

背景分析

今日头条第一位产品经理黄河曾经说过："最优秀的研发工程师，他是不愿意跟差的人在一起的。因为，他改BUG都会改疯掉。"

所以，张一鸣从一开始就在拼命为今日头条寻找最优秀的员工，甚至连厨子都招互联网圈最好的，他为字节跳动的厨房拉来了王月东师傅。王月东2006年加入奇虎360，四次获得360的期权，人称"互联网界最厉害的厨子"，当时已经从360出来。字节跳动要搞24小时食堂，张一鸣问王月东要多少薪水，王月东的答案是：薪水最低，拿股票就行。从现在的收益来看，这家公司确实吸引到了最聪明的人。

黄河本人后来离开了今日头条，出来创业后，将在线教育品牌"伴鱼"做到数亿美元。这种优秀的人不论在哪里都会有一片天地。

行动指南

待遇是不够的，要用优秀的圈子和崇高的挑战吸引人。

4月8日 坚持的人

2014年，我们在决定做今日头条号平台的时候，进展是非常缓慢的。产品非常简陋，邀请作者非常困难。

当时今日头条号产品和运营在本职工作以外，每周都需要邀请作者入驻，在微博私信和微信公众号后台给创作者留言，从"智能推荐是什么""今日头条是什么"开始解释，经常找几百个人才有几个愿意入驻。内部也产生很多质疑，疑问我们能不能做起来。

但我们还是觉得这对构建平台的内容生态非常重要，我印象中陈林特别坚持。在这种情况下，公司发动全体员工邀请创作者入驻，很多同事就从邀请自己身边的自媒体朋友开始，所有同事都兼任今日头条号作者的客服，答疑解惑，在内部沟通解决各类问题。

回头看，开始的时候我们的很多方法并不好，但是很努力、很专注，大力出奇迹。

——2019年字节跳动七周年演讲

背景分析

陈林和张一鸣同岁，2008年硕士毕业于北京大学计算机系。陈林本来有自己的创业团队，但是在和张一鸣接触后，在字节跳动成立当月，陈林团队打包进入公司。

陈林做事非常敢于下决心，敢于投入，事实上除了今日头条号，在抖音发展早期，也是他在公司内部坚定支持。

> 行动指南

重视敢于投入的人。

4月9日 自我管理的人

首先发展是最重要的，发展可以解决很多问题。其次，理念也很重要，我们在很多事情上不是特别有经验，所以应对这些挑战时不会瞎折腾。

不要头脑发热说某某公司引入了什么卓越计划，我们就要引入什么模式。既然管理不是特别有经验，那就少管理，招聘好一点的员工，告诉他目标，让他自己管理。这也许不是最高效的办法，但肯定是一个还不错的方式。

——2015年4月29日《好奇心日报》采访张一鸣

> 背景分析

对于企业来说，发展是第一要务。虽然理念很重要，但是不要在理念上瞎折腾，选择任用更具有主动性的人也是解决办法。

张一鸣想到的办法就是找那些有创业经验的人。在他看来，这些人自驱动、能够独当一面，甚至采取"收购代招人"的方法，在自己还是初创期就大量收购以笼络人才，其中最典型的莫过于创业做漂流瓶的陈林。

陈林是个极致创业者，他要求的月薪很少，只要够生活就可以，回报更偏向于股份和期权，这也让他后来获得不菲的收益。

> 行动指南

招人多下功夫，管理少折腾，要多招有自我管理能力的人。

4月10日 收购代替招聘

2014年初，快手把这个行业的估值抬起来了。美拍这个公司快不行了，快手估值涨起来。我不知道具体多少钱，所以我当时一直在关注这个。

在版权风波之前，我们一直在考虑，到底是收购快手，还是把张楠团队收了。我觉得快手很好，我比较推荐快手。陈林觉得快手太贵了，因为快手已经接受1000多万美元的投资了，收购的话，可能要几千万美元。

最后，我们从张楠公司回来的路上说，我们决定将这个团队收进来，尝试一下短视频这个方向。我们就不收快手了，而是收购了张楠。

——2019年《沸腾新十年：移动互联网丛林里的勇敢穿越者》作者拜访张一鸣

> 背景分析

收购代替招聘，这是字节快速扩张期的招人策略。2013年之前，张楠一直在创业做图片社区APP，被收购进入字节跳动后，张楠先是负责UGC业务，之后一直在做西瓜视频。2016年，张楠开启探索短视频产品抖音的项目，一直将它做成超越快手的第一大短视频APP。

可以说，在关键时期收购张楠团队是张一鸣最正确的决策之一，也正是因为这个决策，才造就了字节跳动后来今日头条和抖音双产品驱动的模式。

> **行动指南**

招聘来不及，可以通过收购聚拢优秀人才。

4月11日 选人才不能偷懒

有一天我看到咱们 HR（Human Resource，人力资源）写的招聘 PM（Project Manager，项目主管）的 JD（Job Description，工作说明），特别生气。有一条写着：有五年以上互联网产品经验，具有日活千万量级以上的产品规划和产品迭代实施经验。我跟这个 HR 说，按照这个要求，陈林、张楠、我们公司一大批 PM，一个都进不来，连我自己都进不来。别说千万 DAU 产品了，他们加入前，连百万，甚至十万 DAU 的产品也没做过。

很多同事加入我们公司的时候并没有光鲜的背景或者很好的履历，公司的产品经理，有设计背景的、运营背景的，还有代码写不好的工程师转岗的。也许有人倾向于招背景光鲜的男神女神，但咱们更爱朴素的"小鲜肉"。我们招人一直秉承的观念，是找到最合适的人，特质是不是真正契合，关注人的基本面。学校、相关经历、title（头衔）都没那么重要。写这样的 JD 很容易，本质上是偷懒，要发现人的特质才是困难的。

——2019 年字节跳动七周年演讲

> **背景分析**

今日头条早期，张一鸣就非常重视招聘环节，几乎把三分之一的工作时间都放在了招聘上。

那时候，他用得最多的办法是"社交招聘"。所谓"社交招聘"，就是在微博上抓取需要的人群，然后在微博里给对方发私信，一个一个跟对方聊，主要话术是："你好，我是张一鸣。我们在做一件什么事，你能不能给我们一点时间，我们请你吃个饭或者喝个咖啡。"

这种方式跟电话销售差不多，回复率极低，发10条私信只有1条回复，不过这对他来说已经是那时候最好的办法了。

从创建今日头条开始，张一鸣就没有盲目追求良好履历的习惯，他非常重视对人才的发掘，非常耐心地考察人才的特质，而不仅仅是看背景。

行动指南

招聘人才不要被背景所局限，写JD不要偷懒，要重视发现人的特质。

4月12日 亲自选人

从2015年初到年底，今日头条员工从300多人一下增长到1300多人，肯定不都是我亲自招来的，但还是有不少我亲自沟通的。如今我最多的夜归也是去见候选人，有时候甚至从下午聊到凌晨，我相信并不是每个CEO都是好的HR，但我自己在努力做一个认真诚恳的HR，披星戴月，穿过雾霾去见面试候选人。

——2016年张一鸣朋友圈

背景分析

张一鸣亲自说服的人才里，对字节跳动最重要的就是张利东。

2013年夏天的一个下午，时任《京华时报》副总裁张利东应张一鸣邀请，前往当时已经搬到盈都大厦的今日头条公司。从现在这个时点再看，传统媒体里的优秀人才应该已经所剩无几了，但就当时来说，有熟练的媒体经营手腕的张利东，对今日头条的变现的确是一个无法拒绝的选择。

一间狭小昏暗的会议室里，张一鸣在白板上写下一长串复杂的计算公式，用了数小时向张利东解释背后的原理，目的是要说明今日头条的广告盈利和往后的创业步骤。

张利东看看眼前这个比自己小四岁的创业者，又看看白板上密密麻麻的小字，"用户量、展示量、点击率、转化率、单据、CPM（Cost Per Mille，千人成本）、CPC（Cost Per Click，点击计费）"，觉得有些震撼。

不久之后，张利东答应了张一鸣的邀请，正式加入今日头条。四年后的2017年1月，张利东服务多年的《京华时报》正式停刊，一个时代结束了。从这个角度来看，张利东又是极为幸运的，他一步跳过了PC互联网，直接进入了移动时代。

行动指南

亲自选人，亲自说服人。

4月13日 一起攀登

欢迎利东加入！一起攀登更高远的险峰。产品、技术、媒体、商业，求各路高手共创事业！

——2013年8月张一鸣微博

背景分析

张利东一来，张一鸣就让他坐自己的对面，以此表示重视。张一鸣总是让那些他认为特别重要的人坐在尽可能离自己近的地方。

张利东加盟后，对字节跳动的商业化方面贡献极大，带来了最早一批汽车广告主资源。这些汽车广告将今日头条的调性拉高许多，很多奢侈品和大厂商也陆续到来。商业化之后，投入与赢利更加明晰，投资人更加看好，估值自然也水涨船高。

后来张利东长期被认为是今日头条二把手，这与其搭建起了今日头条的商业变现体系有切实关系。

行动指南

和优秀人才多相处。

4月14日 企业分享会

利东很厉害，他对各种新产品使用体验是最厉害的。

原来快手这个产品我们都用不起来，就利东能用起来，而且对它的变化了如指掌，经常跟我们讨论。

我们公司内部会把业绩优秀的产品做分享，利东能从企业主角度访谈，指出那些企业怎么用它们做营销。

——2019 年《沸腾新十年：移动互联网丛林里的勇敢穿越者》作者拜访张一鸣

背景分析

山西临汾人张利东是记者出身，早期供职太原的《都市生活报》，2002 年进入《京华时报》负责经济新闻报道，2004 年之后担任《京华时报》社委副总裁兼广告中心主任，是当时中国都市报群体中最年轻的广告总经理。2013 年，张利冬加入今日头条。

多年的记者经验让张利东非常善于访谈，非常能紧跟时事；近十年的广告销售经历，让张利东对企业主的想法非常了解。

张一鸣和他班底中的大部分人都是技术出身，普遍善于从产品角度看问题，而缺乏对企业主的共情，张利东正好补足了这个视角。

> 行动指南

用人用其长处。

4月15日 抓住顶尖技术人才

在杨震原加入之前,我是管技术而且管得比较细的。他进来可能两三个月后,就基本熟悉、交接、确认,管得不错,之后我就不管了。陈林也是很早就独当一面,大概2014年底之后,今日头条产品基本上我就不怎么管了。

——2019年《沸腾新十年:移动互联网丛林里的勇敢穿越者》作者拜访张一鸣

> 背景分析

2014年,杨震原加入今日头条,担任技术副总裁,这位和张一鸣年龄相仿的技术精英,从此以后成为今日头条推荐算法的核心人物。

在此之前,杨震原曾供职百度9年时间。2005年,他本科毕业的时候,拿到了直博的机会,大四在实验室里学习,因为与导师意见不合,被下定评语"此生不宜继续培养",之后被踢出实验室。他去百度面试的时候,主管差点因为他是本科生不想要,没想到最后一路做到大搜索副总监的位置。

在杨震原加入之前,今日头条技术上其实相当混乱,负责人换了很多,直到他加入才完全稳定下来。

> 行动指南

遇到顶尖人才,充分授权。

4月16日 没有刷量

我记得那时候跟一个人聊天，他说："你们在流量上特别有办法，你们就是会刷流量。"他认为我们的流量都是刷榜刷出来的。

我们其实不是的，我们是不做刷榜这种事的。

在技术方面，我们应该比大部分公司都好。但是他们跟我们竞争，比我们差特别多。他就宣称我们是靠刷榜什么的。

他们觉得我们技术都特别差。其实我们技术并不差，杨震原开发的怎么可能比他们差呢？

但是他就是觉得他们技术好，但是头脑不灵活，不会刷榜所以没有做起来。

我觉得他们很多时候都是给自己找借口。

——2019年《沸腾新十年：移动互联网丛林里的勇敢穿越者》作者拜访张一鸣

背景分析

杨震原加入后对今日头条推荐技术做出了巨大贡献。2014年左右，今日头条内部进行了一次重大技术升级，主导人正是杨震原。张一鸣对其充分信任，才有了这次巨大进步。

另外，杨震原个人的影响力也发挥了重要作用，因为他在百度级别很高，他加入今日头条后，带动大量顶尖百度人才流入今日头条。

而大量百度优秀人才的加入，对今日头条整个推荐算法、系统的优化都是极其关键的。

行动指南

相信人才。

4月17日 如何打分

张泉灵：有没有想过生产内容？

张一鸣：我觉得这是有创意的工作，它无穷无尽，但我们目前希望做更可复制、能影响更多用户的事，当然，我们支持优秀的合作伙伴，甚至一起做。

张泉灵：刚才今日头条算法架构师曹欢欢说，你给他负责的数据推荐的打分只有40分，能告诉我理由吗？

张一鸣：打多少分，也取决于100分的标准，如果跟同类产品比，我会打更高分，但跟我三年到五年对未来的愿景比，只能打40分。

张泉灵：理想状态下，90分应该是什么样的？

张一鸣：比如说，对你这样一个重仓股民……

张泉灵：能别这样吗……

张一鸣：我不知道你买什么股票，在你早上起床的时候，我们会把前一天有关这个公司，无论是板块、行业还是公司高管的新闻，都推送给你，这是一种情景；或者你想吃某种快餐，吃之前，优惠券信息就推送给你；等等。

张泉灵：你会悄悄潜入我的购买软件吗？

张一鸣：不会，我们就提供信息推荐这个服务。未来，你在白天关注的新闻，晚上回到家，会收到我们推荐给你的关于这个话题的后期讨论。所以，我们希望更多的用户把兴趣交给我们，在更多的场景下，做出很好的推荐。比如说你来上海，晚上下大雨航班可能取消了，这个信息我们会及时推送给你。

——2015年6月29日张泉灵采访张一鸣

背景分析

2014年前后，曹欢欢加入今日头条，极大加强了今日头条NLP（Natural Language Processing，自然语言处理）方面的能力。

在此之前，毕业于中科大博士生的曹欢欢已经在数据算法领域工作了十年，先后在微软亚洲研究院和诺基亚北京研究院从事数据挖掘和机器学习的基础研究工作，是历史上第一个获得KDD（Knowedge Discovery in Database，知识发现）最佳应用论文奖的华人，甚至还开发了一点资讯早期版本的核心模块。

2014年初，曹欢欢进入今日头条，组建了今日头条数据建模团队，负责文本分析、用户画像、推荐召回、垂直推荐、兴趣探索、搜索等多项核心业务，后来成为今日头条首席算法架构师。

张一鸣给出的40分并不是对曹欢欢能力的评定，而是从愿景的角度，用打分来标定进度。张一鸣这里打40分相当于是指进度才到40%，还有60%的提升空间。

行动指南

从愿景打分，激励高级人才。

4月16日 满足个性化，也要能泛化

讲到推荐，我一直在看微博，除了这次风波（2014年《今日头条：一个内容APP，何以估值5亿美元？》引起的舆论），对产品上的一些意见，实际上是在利用人的特征、信息特征、环境特征来重新组织内容。当然时间是一个很重要的因素，如果这个系统做得越来越好，不仅要满足个性化，还要做到够泛化。

比如都是在北京地区的、30多岁、搞金融的人，喜欢看某类内容，他不仅为自己结果做贡献，还为与他具有相同特质的人的信息推荐做贡献。

——2014年媒体训练营夏季峰会演讲

背景分析

张一鸣演讲的2014年，正是今日头条算法大革新的年份，这一年除了杨震原、曹

欢欢相继加入今日头条，还有一位重量级人物也进入了今日头条。他就是对今日头条内容泛化做出突出贡献的，也是后来"第四范式"的创始人陈雨强。

陈雨强在2014年加入今日头条，虽然任职只有一年左右的时间，但就是他采用了大规模离散算法，八个月内将推荐算法优化到第三版，这一代的优化让今日头条各项数据指标增长了几十倍。

行动指南

抓住人才红利期，充分利用人才。

4月19日 关键位置用关键人

在当时，做推荐引擎对创业公司来说，难度还是很高的，那时候有很多人在做类似的APP，有些人是靠不可扩展地运营，有的人尝试通过简单的定制实现个性化，真正下决心做推荐引擎的公司很少，失败的很多。

但我们觉得，如果不解决个性化的问题，我们的产品只是做些微创新，也许能拿到一些移动互联网的红利，但不可能取得根本的突破，不能真正地创造价值。在任何时候，我们都要努力从根本上解决问题。

——2019年字节跳动七周年演讲

背景分析

字节跳动早期，张一鸣最想要并且一直坚持要的人莫过于项亮。这段话有一个广为流传的故事。

今日头条APP刚发布没不久，张一鸣意识到个性化推荐引擎的重要性，于是召集所有产品和技术骨干在锦秋家园六楼办公室讨论，核心议题是要不要启动个性化推荐引擎项目。当时非常多的人担心今日头条没有"基因"和能力，但张一鸣却坚持不会可以学。

张一鸣所谓"可以学"的第一步就是找项亮要他写的书,但并没有要到,于是只好自己写了第一版推荐引擎,可惜效果不佳。

这充分说明了,占据主动的永远是那些不会等到"时机完全成熟"才做事的人,而是较大概率属于那些看到希望就迫不及待地动手干起来的人。

项亮属于推荐引擎方向的超级人才,当时今日头条还没有办法将其招募,但是并没有放弃,而是一直保持联系,直到2018年今日头条已经做到很大规模才将其招入麾下,担任推荐算法架构师。

行动指南

对高级人才,永不放弃。

4月20日 用技术做管理

我们希望把企业本身也做得好,不要说凭借抓住一个运气,或者瞄准一个机会取得成功。

我们希望企业是相对完备的,公司管理也是相对完备的。

所以我们希望企业成功不是靠蒙中一个点子,希望企业本身提高。

不仅是IT数字化,谢欣也负责房产、行政这些企业应用。

——2019年《沸腾新十年:移动互联网丛林里的勇敢穿越者》作者拜访张一鸣

背景分析

张一鸣喜欢用技术人才做人事工作,原因在于,他认为企业管理不应该"人治",更应该是接近于"法治",或者说是"程序治"。

事实上,谢欣其实是张一鸣原来在酷讯时期的顶头上司。谢欣毕业于北京大学计算机系，先后担任微软亚洲工程院项目经理、百度核心软件工程师、酷讯旅游 CTO（Chief Technology Officer，首席技术官），后来加入字节跳动。

这么重量级的技术大佬，张一鸣没有让他管技术，而是让他担任人力副总裁，主管企业效能，连梁汝波都要向他汇报。在张一鸣心中，人才资源是真正的战略资源。

| 行动指南 |

技术人才也可以做管理。

4月21日 坦诚降低成本

2016 年之前我看很多东西，也有很多思考，并且在我们公司管理中进行实践。字节范中的坦诚清晰，来源于我试图理解杰克·韦尔奇在《赢》中的反复强调——坦诚降低组织交易成本。"知识型组织中，每一个人都是管理者"，这是德鲁克关于管理者的重新定义。

他对于目标管理的思考，启发了我们对于组织有效性的重视和 OKR（Objectives and key Results，目标与关键成果法）的实践。他和科斯的想法，促使我思考企业边界是什么，以及如何从外部视角衡量组织内部的交易成本。我们坚持的"Context, not Control"（情景，而非控制）的理念，受到 Netflix（李飞）的直接影响，当然也很大程度上跟哈耶克关于理性的自负的论述有关，我认识到信息透明、分布式决策和创新的重要性。

科技公司组织方式变化，会带来很多新的变化，在业务、财务、人力方面都有体现。

财务上，如何把 UG 中的 LTV（Life Time Value，生命周期总价值）引入内部财务报表，各个业务之间应该如何结算成本。人力上，在职能、业务、市场三个维度交叉下应该如何组织人才。当然相应的，企业内部工具也需要新的研发优化。对我们来说，过去两年，其实是问题多思考少。我之后会花更多时间学习研究，也和 ES（Elasticsearch，搜索引擎）的同事一起讨论提升。

——2020 年字节跳动八周年演讲

> ### 背景分析

张一鸣推崇的《高效能人士的七个习惯》一书中有句话："虽然坦诚往往与风险相伴，但是坦诚交流的效果难以令人置信。"

在企业管理中，传统领导者往往崇尚各种"管理艺术"，会用各种话术与员工交流，但是这也造成了"上有政策，下有对策"。双方都不肯说实话，双方都在互相猜测，互相防备，这样的结果就是内部沟通成本极大提高。

张一鸣所提倡的坦诚，反而是一种提高效率的方法，与其互相猜疑，不如直接沟通。

> ### 行动指南

坦诚沟通，降低成本。

4月22日 都要理性

> 理性的思考 & 感性的行动 = 纠结
>
> ——2012年9月张一鸣微博

> ### 背景分析

张一鸣非常善于用公式说理，除了上文这个，还有"0.1>0"，意思是每天只读一点书，也胜过什么都不读。

张一鸣提出的这个理性公式，是很多创业者所忽略的。创业者在思考战略时，往往满脑子道理，也能看到时代趋势，也会充分利用数据资源，但是在做完规划后，却只凭主观感觉执行，导致的结果就是优柔寡断，不了了之，这样前面的分析也都成了无用功。张一鸣很早就看到了这中间的害处。

行动指南

　　思考理性，行动更要理性。

5月
培养年轻人

5月1日 有好奇心

有好奇心，能够主动学习新事物、新知识和新技能。今天不太谦虚，我把自己当做正例，然后再说一个负例。我有个前同事，理论基础挺好，但每次都是把自己的工作做完就下班了。他在这家公司待了一年多，但对网上的新技术、新工具都不去了解，所以他非常依赖别人。当他想要实现一个功能，就需要有人帮他做后半部分，因为他自己只能做前半部分——如果是有好奇心的人，前端、后端、算法都去掌握，或者至少有所了解的话，那么很多调试分析，自己一个人就可以做。

——2016年今日头条Bootcamp演讲

背景分析

好奇心和学习能力是连在一起的，一个人有好奇心意味着他有探索意识，他能够在犯错后发现新的事物，并且不断积累新的技能。苹果公司iMAC的负责人乔纳森·艾夫曾经说过，创新型公司应该欢迎失败，并将之视为学习工具，因此鼓励员工尝试新鲜事物。有好奇心的员工将会在公司竞争中拥有更大的成长空间。

行动指南

年轻人要保持好奇心。

5月2日 学习型组织

我们是要保持学习的组织，因为我们做的是创新的事情，很多事情大家都没有做过。

移动互联网怎么推广呢？这个问题才诞生三年，不可能有专家，很多公司招聘是这么描述的："大学毕业五年，三年以上经验，20万代码要求……"在我们公司，要是HR写出这样的招聘启事是会被批评的。

为什么呢？比如说大规模机器学习只有两三年的应用场景，如果你要求一个很有经验的人，这本身就是不切实际的，这个技术本来就在日新月异地变化。

所以，我们在招聘过程中，一般对人最常见的要求是要有好奇心、爱学习、爱折腾、爱动手，我们希望构建一个学习型的组织。

——2015年9月5日中国青年领袖公益演讲

背景分析

在字节跳动早期，每周三下午都有一个分享会，员工们聚拢在一起分享读过的书或者新的想法，任何同事都可以自由表达自己的观点。如果有新同事入职，他可以做一个分享来介绍自己，可以介绍自己旅游过的地方，也可以讲讲自己的特长和爱好，让大家更全面地了解自己。

这种分享会不是业务讨论和汇报，纯粹是大家知识共享和交流，在这个过程中，员工们会讨论表扬近期表现优秀的人，公司也会给他一些小礼物。

在公司发展早期，这种分享会效果很好，能够帮助很多人跨越人际交往的障碍。大家互相学习，共同进步。除此之外，今日头条很早就建立了知识库体系，方便内部互相交流学习。

行动指南

好奇心促进学习，构建学习型组织。

5月3日 对不确定性保持乐观

对不确定性保持乐观。比方说今日头条最开始时，我跟大家讲：我们要做1亿的日启动次数。（当然，现在不止1亿了，我们现在的日启动次数已经差不多5亿了。）很多人觉得，你这家小公司怎么可能做得到呢？

大公司才能做得好。所以他就不敢努力去尝试。只有乐观的人才会相信，才会愿意去尝试。其实我加入酷讯时也是这样。

那家公司当时想做下一代搜索引擎（最后也没有做成，只做了旅游的垂直搜索）。我不知道其他人怎么想的，我自己觉得很兴奋。我确实没有把握，也不知道怎么做，但当时就去学，就去看所有这些相关东西。我觉得最后也许不一定做成，或者没有完全做到，但这个过程也会很有帮助——只要你对事情的不确定性保持乐观，就会更愿意去尝试。

——2016年今日头条Bootcamp演讲

背景分析

张一鸣本人似乎没有悲观的时候，在今日头条发展过程中，不论是2014年的版权危机还是2020年的Tik Tok风波，大众见到的张一鸣似乎永远能保持机器人般的微笑。

这并不是一种公关的笑容，而是标榜坦诚的他，发自内心地认为理性乐观才能更好地应对不确定性。乐观思考对于公司的领导者更为重要，毕竟态度的积极还是消极，都会直接影响到生产力，以及与员工、顾客和供货商之间的关系。

行动指南

保持对不确定性的乐观，更加敢于尝试。

5月4日 纠正自己的判断

判断自己对不同事情乐观还是保守：记下自己的预测和实际结果，看平均差值。问题是你是否愿意估计得更准？似乎乐观和保守的人都无意愿去纠正。

——2012年10月微博

背景分析

稻盛和夫在《活法》一书中花了整整一章"论乐观"，因为他认为企业领导者只有保持"超级乐观"才能保持高昂积极的状态，才能领导大家朝正确的方向走。他总结的方法论是，乐观思考，悲观计划，把"墨菲定律"计划进去。

而张一鸣则建议通过记录预测和实际结果，来估算乐观和保守哪个状态的预期离现实更近，以此调节自己的乐观程度。

实际上，这种方法普遍存在于张一鸣的生活当中，他曾经提倡大家记录自己每天的时间利用状态，来帮助大家提高时间利用率。

行动指南

多多记录，保持乐观。

5月5日 不甘于平庸

我们在座各位，在同学中已经非常优秀了。但我想说，其实走向社会后，应该再设定更高的标准。我在很多大学期间的同学、一起共事的同事中，见到很多非常不错的人才，技术、成绩都比我好。但十年过去，他们中很多人没有达到我的预期：我觉得他应该能做得很好，但他却没有做到。

很多人毕业后，目标设定就不高了。我回顾了一下，发现有同事加入银行IT部门，有的是毕业后就加入，有的是工作一段时间后加入。为什么我把这个跟"不甘于平庸"挂在一起呢？因为他们很多人加入银行，是为了快点解决北京户口，或者当时有些机构有分房补助，可以购买经济适用房。

后来我就在想一个问题，如果自己不甘于平庸，希望做得非常好的话，其实不会为这些东西担心：是否有北京户口？是否能买上一套经济适用房？

如果一个人一毕业，就把目标定在这儿——在北京市五环内买一个小两居、小三居——把精力都花在这上面，那么工作就会受到很大影响。他的行为会发生变化，不愿意冒风险。如果不甘于平庸，希望自己做得非常好的话，其实不会为这些东西担心，这一点很重要。

我说不平庸，并不是专指薪酬很高或者技术很好，而是你对自己的标准一定要高。也许你前两年变化得慢，但十年后再看，肯定会非常不一样。

——2016年今日头条Bootcamp演讲

背景分析

甘于平庸和过世俗生活是两个问题，很多人受到家庭环境影响，可能无法做张一鸣说的那种选择。有北京户口或者在北京买房对于很多人来说，确实是很大的诱惑。

张一鸣举过一个例子，他说他见到以前的朋友，对方业余会做一些兼职，获取一些收入。那些兼职其实没有什么技术含量，而且对本职工作有影响，既影响他的职业发展，也影响他的精神状态。对方去做的原因就在于，快点挣钱付个首付。张一鸣觉得对方看起来是赚了，但其实是亏的，对方付出了自己的青春，消耗了未来的潜力。

从这点来看，社会上标榜的所谓"斜杠青年"（拥有多重职业和身份的多元生活的人群），确实非常值得年轻人警惕。

| 行动指南 |

对自己高要求，不要小富即安，不要因为无关长远的业余兼职浪费时间精力，影响未来发展。

5月6日 逃逸平庸的重力

不知你有没有看过《七龙珠》，里面有一个超级塞亚人的状态，就是你非常努力非常努力地变身一次，持续变身久了就不用变回来了，和"优秀是一种习惯"同样的意思。你总是对自己要求很高的话，就习惯这样做了。再举个例子，我们从小就知道，航天器要想围绕地球转而不受重力影响掉下来，就要达到第一宇宙速度，7.9km/s，但前提是你要先达到这样的速度。这就是逃逸平庸的重力。

——2015年4月23日《成都商报》采访

| 背景分析 |

这句话是回答媒体的提问："逃逸平庸的重力。这是对自己的总结，还是鼓励？"张一鸣的回答用一句话概括就是"保持优秀，才能变得优秀"。

人生的挑战总是多于机遇，现代年轻人推崇躺平未必是错，但要想变得优秀，最好的办法就是不停向"极致优秀"发起冲刺。

张一鸣这段话也是有科学依据的，《意志力》一书中曾经提到，人的意志力就像肌肉一样，经常锻炼就会增强。

人只有一次又一次发起意志力的冲锋，在意志力过度消耗再恢复后就会得到代偿，人的意志力上限就会不断提高。

行动指南

保持优秀，习惯优秀。

5月7日 选择挑战

我是张一鸣，是80后的"技术宅"，在朋友、同事的眼中，我是一个不善言谈、很低调的人，好像除了写代码，没有什么兴趣爱好。我觉得说自己是"技术宅"不够准确，确切地说，我应该是一个不安分的"技术宅"，因为我不安于现状，不愿意一直做一个码农。我喜欢有挑战的事情，喜欢有难度的事情，喜欢获得更大的成就感，而不是平平庸庸、碌碌无为。

所以，我选择了创业，选择了不断地创业，因为我觉得每一次创业都能让我获得前所未有的成就感。

——2014年张一鸣参加《超级脱口》采访实录

背景分析

稻盛和夫曾经回答过一个问题，资质平庸的人如何才能取得非凡成就？他给出的答案是，人生成就 = 能力 × 努力 × 态度，而其中最重要的是"态度"，最有潜力的人莫过于"努力工作却心怀不轨的天才"。

稻盛和夫所说的"心怀不轨"四个字是反词正用，真正的意思是不甘于做眼前事，而想要做更有挑战的事情的人，这种人才能逃离平庸。

在张一鸣看来，反对平庸最好的方法就是选择挑战，做有难度的事情，这也是他对员工的期望。

> 行动指南

主动拥抱挑战,获得成就感。

5月8日 不要傲娇的人

在这里举个反例:两个我印象比较深刻的年轻人,素质、技术都不错,也都挺有特点。我当时是他们的主管,发现他们在工作中 deliver(传递)的感觉始终不好。

他们觉得其他同事做得不如他们,其实不是。

他们确实可以算作同期同事里的 TOP20%,但他们觉得自己是 TOP1%。所以很多基础一点的工作,比如要做一个调试工具,他就不愿意做;或者需要跟同事配合的工作,他就配合得不好。

本来都是资质非常好的人才,人非常聪明、动手能力也强,但没有控制好自己的傲娇情绪。我觉得这和"不甘于平庸"不矛盾。

"不甘于平庸"是你目标要设得很高,"不傲娇"是你对现状要踏实。

另一个例子是,当时我们有个做产品的同事,也是应届生招进来,当时大家都觉得他不算特别聪明,就让他做一些辅助性的工作,统计一下数据,做一下用户反弹之类的事情,但现在他已经是一家十亿美元公司的副总裁。

后来我想想,他的特点就是肯去做,负责任,从不推诿,只要有机会承担的事情,他总尽可能地做好。每次也不算做得特别好,但我们总是给他反馈。

他去了那家公司后,把一个用户量不足十万的边缘频道负责起来,越做越好。由于是边缘频道,没有配备完整的团队,所以他一个人承担了很多职责,也得到了很多锻炼。

——2016 年今日头条 Bootcamp 演讲

背景分析

所谓"不傲娇，要能延迟满足感"，简而言之就是要脚踏实地从小事做起，要能够为更有价值的长远结果努力。

张一鸣自己就是不傲娇的人，他在酷讯负责技术的时候，在做完自己基本工作后，其他工作也很乐于参与。他会跟产品讨论产品，跟商务人员出去谈商务，非常看重自己整体能力的提高。

张一鸣对年轻人如此要求，是希望他们也能培养好基础能力，获得更长远的发展。

行动指南

脚踏实地，不傲娇。

5月9日 对重要的事情有判断力

对重要的事情有判断力。选什么专业、选什么公司、选什么职业、选什么发展路径，自己要有判断力，不要被短期选择而左右。上面一些例子，也都涵盖了这一点。比如当时很多人愿意去外企，不愿意去新兴的公司。2006年到2007年，很多师弟、师妹问我职业选择，我都建议他们去百度，不要去IBM、微软。但实际上，很多人都是出于短期考虑：外企可能名气大、薪酬高一点。

虽然这个道理，大家都听过很多遍。刚毕业时薪酬差三五千块，真的可以忽略不计。短期薪酬差别并不重要。但实际上能摆脱这个，有判断力的人，也不是特别多。

——2016年今日头条Bootcamp演讲

背景分析

梁启超曾经谈过，人的判断力的形成需要有些许的常识、专门的职业、总体的智慧，用现在的话来说，就是需要有知识、专注和大局观。

张一鸣劝人在那个时间段去百度，不去外企，是希望对方能够得到更多的锻炼，获得实践的经验。从个人职业发展来看，这些确实是更重要的。

行动指南

不要被短期利益迷惑，要有自己的判断能力。

5月10日 自我驱动

保持工作简单跟灵活，在人才上也是有要求的，如果你招聘的人是理解能力、判断能力很差的，是不会简化问题的人，那么你是很难保持简单和灵活的。为什么？因为会产生噪音，你需要把规定定得非常具体才能达到效果。所以，我们觉得要保持工作简单灵活，需要招聘高素质人才。

高素质人才还有一个特点，自我驱动。如果你不是自我驱动的高素质人才，可能就需要上下班打卡。很多人不是自驱的，所以他们需要打卡。

如果是一个自我驱动的人，你可能只需要每个月或每个季度检查一下他的工作，给他一些反馈就可以，而不需要对他每个工作做很细节的要求。我们认为最好的管理不是自上而下的控制，而是自我驱动。这个驱动要信息透明，他要知道公司的愿景是什么，部门的愿景是什么，在公司的范围内他自己感兴趣并且能做好的事情是什么，他把这些事情做好就好了，这就是我们的价值观。

——2015年9月5日中国青年领袖公益演讲

> 背景分析

自我驱动是张一鸣对人才的判断标准之一。

公司制定出来一个目标，所有人对目标的判断不一样，有的人愿意付出努力，有的人觉得自己不能得到好处就出工不出力。但现实情况却是，一个人要想充分展现自己的才能，就必须要发挥自我驱动的能力。这样不仅能对公司作出贡献，更能促进自己的进步成长。

选择具有自我驱动能力的人，就是选择有成长空间、能够追求极致的人。

> 行动指南

最好的管理不是自上而下，而是自我驱动。

05月11日 薪酬投入

要提供最好的 ROI。我们常看到一个词，人力成本，很多公司把人才当成耗损的成本。尤其是比较节约的 CEO 会想，我很便宜地找到这个人，挺好的。但其实，如果拿美国对比，美国的人力成本特别贵，中国的人才去美国之后，待遇也都会增加两倍三倍。中国、印度、柬埔寨的人力成本低，但仍然是美国发展得最好。核心的原因是，美国通过配置优秀的人才获得更好的回报，所以问题关键不是看成本，是看回报和产出。

公司的核心就是要通过构建好的配置，配置好的生产要素，让公司有最高的 ROI，并且给每个人提供好的 ROI，所以公司的核心竞争是 ROI 的水平而不是成本控制水平。

只要 ROI 好，薪酬越多，说明回报越好，这跟投资一样。所以我们一直跟 HR 部门说，我们希望 pay top of the market。

我们主动要求 HR 部门至少每年要对市场薪酬做一次定位，保持市场薪酬在业内领先。当然如果人力成本很高，反过来要求公司必须能把这些人配置好，发挥好，但这正是一种进取的姿态。

——2016 年源码资本年会演讲

背景分析

很多人在面试的时候，都需要准备自己的薪资证明。下一家公司就按照上家公司的薪资给你做调整。如果你过去的薪资水平较低，那么新的变化对你是不利的。优秀的人才可能因此被低估。张一鸣想出的解决办法就是，按照岗位确定月薪。岗位级别代表了他这个专业领域的稳定产出，而不是让业务主管去确定薪资。在张一鸣看来，人力不是成本，而是资源，薪水的制定不需要参考历史薪酬。今日头条给出的薪水必须是有竞争力的。

行动指南

每年做市场薪酬调查，招募优秀人才。

5月12日 期权发放

今天完成期权发放准备，下周给第一批加入的优秀成员发放。开始制定发放计划时，我和其他董事有一些分歧：我强调希望以极低的行权价发放期权，其他董事则强调会计评估问题。最终采用了我的方案。因为我非常了解创业团队成员的心态，一个早期公司成员的心态和状态是最根本的，其他问题只是"技术问题"。

——2010 年张一鸣微博

背景分析

对于创业公司来说资金不多,能给到人才的钱不是很多,吸引人才最好的激励就是期权。当时还处于九九房时期的张一鸣对此非常看重。

因为他自己也是从创业团队过来的,他非常清楚怎样的期权激励才有效果,如果员工拿到的期权行权价太高,非但无法起到激励效果,反而会影响员工积极性,期权效果将变得可有可无。

行动指南

重视期权激励。

5月13日 股票奖励的是投资能力

我发现一个问题,前置的股票期权核心奖励的不是员工的业务能力,核心是奖励他们的投资能力,一个人的回报基本上取决于他在什么时候加入什么公司,要现金多还是要股票多。

业务非常好的人,他可能经济条件不够好,加入的时候要求多现金,后来即便他业务干得非常好,回报也会少很多。在有条件的情况下,我其实非常鼓励能够把更多的激励放到事后,放到年终,把更多的激励换成与个人贡献相关而不是与投资眼光相关。

——2016年源码资本年会演讲

背景分析

张一鸣谈这个问题时,真的是完全站到了员工的角度。

一个巨头公司，早期入职的员工因为入职时间好，赶上了公司机遇期，得到了股票激励；后来入职的员工，即使做出更多的贡献，获得的回报也少了很多，这几乎是国内互联网巨头公司的通病。

张一鸣想要建立一种机制，把收入与个人贡献挂钩，这样可以激发更多人努力工作，也防止某些人躺在功劳簿上养老。

行动指南

鼓励员工把激励放到事后。

5月14日 激励放到年终奖

我想期权不是最关键，期权无非是有可能获得超额的回报，有可能财务自由。所以核心其实是有没有提供超额回报，有没有让他有机会上一个台阶的回报。所以我们认为重点要把激励放到提高年终奖的比例上。我们跟公司内部说，希望非常突出的人有机会能够拿到100个月的年终奖。

这个时候我们要让他知道，任何时候加入今日头条，回报都能非常非常高，并且平台资源非常好，这要比去创业公司有竞争力。

——2016年源码资本年会演讲

背景分析

张一鸣在面试过程中，经常遇到有候选人告诉他，自己觉得今日头条已经发展得比较久了，最好的加入时机错过了；换而言之，他们能够得到的期权激励与回报可能不是很多了。

张一鸣对这个观点觉得很郁闷，因为如果按照这个方法推论，公司发展起来后，好的人才都不加入而去选择创业公司，那该公司后续的竞争力就有限了。

这件事引起了张一鸣的警觉，他认识到必须要创造一种机制，让即使后来加入的人也能够有获得超额回报的机会。

行动指南

回报要保持足够高的天花板，在任何时候都能吸引创造超级价值的顶级人才加入奋斗。

5月15日 年轻人不要住在城乡接合部

这几天大家都在朋友圈晒新办公室照片，很好。不过提醒一下，大家应该重点晒位置啊——我们是少有的在"帝都"中心知春路的公司哈。毗邻各所大学、华星影城、几条地铁线……这是北三环，不像那些在上地、通州等城乡接合部的公司。

想起我大学毕业的时候，和父母说我要离开天津去北京工作啦。但当我第一次从西直门上了13号线经过广袤的城乡接合部开往上地回龙观的时候，心情非常低落，几乎赶上了上大学报到那天在天津站下车的时候。后来我就果断搬到了这附近的双榆树（话说附近真的不错）。

另外，我一直认为年轻人工作生活应该在城市中心，哪怕房子小一点（应该多出去活动啊），在市区有更多的活动和交流，下班之后也不需要浪费大好时光和宝贵精力挤地铁。年纪轻轻不要着急在郊区，尤其房山、沙河、天通苑之类的远郊定居，买了房我其实也建议搬到市区来。最后，我们的就近居住补贴（北京）已经涨到了1500元/月啦（和加不加班没关系，节省的时间用于健身、读书、看电影也很好），建议大家多多考虑住在附近。

——2016年3月张一鸣内部信

背景分析

张一鸣的这个建议几乎是俘获了所有年轻求职者和员工的心，是非常优秀的雇主品牌宣传。相比于喜欢大谈理想和改变世界的马云，张一鸣在演讲中总是喜欢以自己的普通经历为例，谈论一些非常接地气的感受。

虽然今日头条的住房补贴策略可能更多是出于提高企业效能的目的，但张一鸣总是能够从年轻人的角度出发，给出非常能够引人共情的解读。

行动指南

帮年轻人节省上下班时间，提高生活幸福感，其实就是提高企业效能。

5月16日 鼓励多看书

泰达图书馆真的很棒，你需要哪本书，只要在BBS上留个言，他们就会买回来，特别好，而且会买很贵的书，按美元计的书，比本部还要好。而且看书看累了，我就到湖畔发个呆，或者在泰达公园散步，给自己列出各种各样与短期目标无关的问题来思考。这些问题对短期确实没有影响，但有这样的环境，去思考长期问题挺好的。

当然，那时候我也有困惑，觉得看的这些东西和思考的问题都很有意思，但在生活中没什么用。直到后来我进入互联网行业并开始创业，各种各样的知识才连成线，帮我理解行业、理解管理，更快地掌握不熟悉的领域，包括如何让信息得到更有效率的组织和分发，从而改变各行各业的效率。

——2017年11月15日南开校友会演讲

背景分析

读书和思考长期问题有助于人形成清晰的远见。张一鸣本人非常热爱读书，曾经无数次向人推荐稻盛和夫《活法》一书。该书中关于"远见"是这样描述的："清晰的远见可以激发出极大的信心、加强你努力工作的意志力、鼓舞他人，并引导大家走向成功。"

行动指南

多看书，多思考长远的问题。

5月17日 与90后合作

现在这个社会不再属于单打独斗的人，人人都需要伙伴，找到一些志同道合的人，来一起完成一件事情，才有可能成功。一个人的精力、能力是有限的，俗话说，三个臭皮匠赛过诸葛亮，只有团队紧密合作，才有可能成功，尤其是做成一件大事。

我今天的成功，也是团队合作、努力的结果。在我们这个团队里面，早期的人员大部分与我年龄相仿，现在我们招聘的人大部分是85后和90后，他们是公司的主力。曾经有人问过我：90后的员工怎么样？好管吗？

的确，目前社会上有不少人对90后都比较有偏见，认为他们太个性、太张狂，自以为是，有点放荡不羁，不好管理。不过，我看90后身上的优点还挺多的，没太看到明显的缺点。

总体来说，这批年轻人普遍的优点就是热情高，对事情、事物敏感，对事物的细节要求更高，更能够鲜明地表达自己的观点，所谓的缺点就是他们身上有一些80后身上没有的东西。我觉得一代比一代好，我看好90后，我也相信我们的团队。

——2014年张一鸣参加《超级脱口》采访实录

背景分析

因为中国的特殊国情，90后普遍是独生子女家庭，从小受到的宠爱和关注更多，也得到了周边人更多的照顾。十年前，有人将90后定义为中国版"垮掉的一代"，甚至到今天还会有企业家抱怨他们不服管教，狂妄自大，没有集体荣誉感。

但对于张一鸣来说，他所要建设的正好是没有批评，推崇坦诚沟通、自我管理的今日头条文化，这些缺点反而是优点。

后来张楠搭建的抖音初创团队，其中绝大多数都是90后，甚至有大量成员是应届毕业生，但正是这些年轻的产品人敏感地洞悉了年轻人的品味，做出了抖音这样的产品。

行动指南

相信自己的团队，相信90后，相信一代比一代好。

5月18日 让员工说出期望

我总鼓励员工大胆地和上级说出期望，不要考虑合不合适。虽然这些期望经常不能达到，但可以灵活调整和沟通。如果不说，他最终转成别的形式来满足甚至离开，损失更大。为人nice（和善）的员工经常为公司考虑，不好意思提，其实不提不好。

——2012年2月张一鸣微博

背景分析

在儒家文化圈内，谦虚谨慎一直受到标榜，但是在公司沟通过程中这也势必影响效率。

各种HR面试教学都会告诉受众一件事，不要说出你的准确薪资预期，不要直接跟领导提加薪，要让对方说，但是如果对方一直没有领会到你的真实意图，双方就会陷于一种无效沟通的循环。

领导者应该要明白这一点，如果员工与上司之间缺乏坦诚对话，很可能使优秀的员工丧失动力，草率应付工作，或者离开公司，这才是公司真正的损失。

行动指南

为避免好员工流失，要鼓励员工大胆说出自己的期望。

5月19日 不要头衔

我们公司没有title，我们鼓励创新，淡化权威，鼓励畅所欲言。在我们公司，所有人的差旅补贴都是一样的，没有区别，包括我。大家说你这个规定不是很死板吗？某个副总他习惯住四星级以上酒店怎么办呢？他既然已经习惯住了，应该挺有钱的，余下的钱他自己垫就好了。

我们有一个理念是要简化，不希望出现复杂的规定。还有一个简化，上班不打卡。需要请假，没有假条，没有签字，发一封邮件就好。会不会有人不节制、不自律？我们采取弹性措施，每天早上10点10分之后不提供早饭，这是我们唯一的限制。本公司也没有处罚。以上是我们公司特色的制度。

——2015年9月5日中国青年领袖公益演讲

背景分析

很多公司奉行等级制度，给总裁建专用电梯，给副总裁开小灶，在各种活动中突出放大领导的存在。上行下效，这样的结果就是每一层领导都在追求自己不一样的特权。这样的组织更容易陷入僵化，底层的创新力也会被扼杀。

张一鸣所奉行的方式，是通过营造一种理性、平等的文化氛围来达成对公司的管理。据张一鸣身边人告诉笔者，张一鸣开会时鼓励众人发言，并不是点将要求某人说，而是从来不批评人，给予小奖励来营造一种良好的发言气氛来鼓动下面主动参与。

行动指南

淡化权威，畅所欲言，上下平等，不出复杂有区别的规定。

5月20日 避免敬语

我们不用敬语，我不知道在公司各位是怎么称呼上级的，有叫老板的吧，或者叫某某总，或者叫老大，或者叫某某哥某某姐，这在我们公司是不允许的，不允许使用敬语。

大家说我们在面临一个巨变时代，外部是不断变化的环境，公司及时对外部环境做出响应，平等的畅所欲言的氛围非常重要。敬语是形式化的东西，它会有心理暗示。我是不是不能批评他。比如大家都叫他张哥，所以我不好意思批评他。所以我们需要消除形式化的心理障碍，我们不提倡使用敬语，我们也不使用"您"，都称呼"你"，当然这也是简单，淡化复杂性。

——2015年9月5日中国青年领袖公益演讲

背景分析

国内不少互联网公司为了学习硅谷文化，减少公司的层级观念想了各种方法，比如员工之间互称花名或者英文名，事实上这些形式发展到最后仍然会带出等级化的东西，比较典型的例子是阿里的花名，因为人员众多，只要你的花名是大众耳熟能详的武侠人物，必定是阿里的中高层。

而今日头条则选择直接避免敬称使用本名。

在张一鸣看来，这些敬称都会影响沟通效率，使用他们会加强公司的层级观念。

行动指南

打造平等环境，不允许使用敬语。

5月21日 人才密度与制度惯性

如果招的人才理解力极差，那么公司的制度就得定得非常详细。但是如果面对一群高素质的人才，就可以将规则定得很简单，简单成少数原则。大家照着原则而不是手把手的规则来配合，甚至只要知道目标，结合常识就可以行动。

一般最容易增加的是规则，因为规则总有公司可以参考。一般在行业相对稳定，模式不变的情况下，增加规则是没问题的。如果是在一个动态变化的行业里，规则固化了同事之间的配合方式，制约了灵活性，就会出现许多问题。

这也是为什么很多公司跑着跑着就跑不动了的原因，因为公司业务成长起来，制定好规则后，公司靠惯性往前进，一旦遇到行业突然发生变化，需要内部做很大调整的时候，这些惯性反而成为了束缚。

我们认为，像今日头条所处的行业属于创新型行业，尤其在这几年会面临不断的挑战和变化，所以我们觉得应该减少规则，保持组织的灵活性，适应业务的发展。

所以，公司成长业务增加，核心的关键是让优秀人才的密度超过业务复杂度的增加。我们公司把这个总结为"和优秀的人做有挑战的事"。有挑战的事其实就是复杂度不断增加的，需要和优秀的人一起做。

——2016年源码资本年会演讲

背景分析

不知是有意还是无意，张一鸣的这段话是在对一个管理学的百年难题进行尝试作答。

斯图尔特·克雷纳在《管理百年》一文中提到一个现象，包括爱迪生、通用、西屋在内的很多大公司在创建过程中往往因为创始人某项创见性的制度建设而兴盛，但数十年后又因为该制度而衰败。曾经造就它们成功的制度，又让它们毁于一旦。

其本质原因就在于，许多制度在创建过程中往往有特定的场景，随着公司的发展，这些场景消失，但是制度却留存了下来。

尽管今日头条还处于快速增长期，但张一鸣已经给出了解决方法，那就是增加人才密度，减少规则和制度。

| 行动指南 |

提高人才密度，少制定规则，提高企业灵活性。

5月22日 不装是文化

"不装"也是我们的文化，我们觉得是保持简单和灵活性的文化。我们要求所有的HR的邮件，所有的同事沟通中要去官腔、去形式化，尽量不要做形式化的东西，表面上搞得很隆重，但其实没有实际的效果。

——2015年9月5日中国青年领袖公益演讲

| 背景分析 |

每到周五或者月底，其他公司的人都在闷头写周报、月报，到了季度末尾，还要做复杂的汇报PPT，甚至要花钱招人专门做那些。在字节跳动今日头条内部没有这些。

今日头条某高层曾经告诉笔者，他们开会的时候，曾经有同事因为PPT做得太过精致，而被建议那些做PPT的时间可以用来做更有用的事。

这是因为，张一鸣非常反感把周报写得特别长，他觉得周报就是一个形式，能用

Word 就不要用 PPT，如果必须要用 PPT，也希望足够简洁，把事情说清楚就可以了。

有人说，当有些公司已经官僚到，一个总监每次汇报前都要花几千块请外面的设计师来美化自己的 PPT 时，这种公司还能有多少力量用在进取上，就很值得怀疑了。过度美化汇报环节，无疑是一种公司"唯上"文化的映射，而一旦公司进入这种文化循环，它对员工的吸引力也就大大下降了。

行动指南

保持不装，保持真实的状态，也能保持简单和灵活。

5月23日 人才是最重要的资源

如今我最多的夜归也是去见候选人，有时候甚至从下午聊到凌晨。我相信并不是每一个 CEO 都是好的 HR，但我自己在努力做一个认真诚恳的 HR：披星戴月、穿过雾霾去见面试候选人。

有一天，看见工程师同事用平衡车上下班通勤，我觉得很不安全……我调侃说这是一种把公司重要资产置于风险中的行为，想要没收他的平衡车。这当然是玩笑话，但追求人才过程的不易，让我更加意识到他们的宝贵，人才是今日头条最重要的资产，我要好好保护他们。

——2016年1月张一鸣获"创业邦年度创业人物"演讲

背景分析

张一鸣招聘今日头条第一位高管曾强是在晚上11点，去挖角岳建雄也是从傍晚聊到凌晨，从来不在乎时间早晚，给出的薪资甚至会达到对方当时薪资的十几倍。平衡车这件事也并不是他随口说说，后来张一鸣收购 Musiclly 的过程中得知其创始人阳陆育因平衡车摔伤，又听闻某巨头高管因平衡车摔伤，真的在今日头条施行了高管禁玩平衡车的规定。对张一鸣来说,人才团队的建设是战略级的。

| 行动指南 |

人才是公司最重要资产,要好好保护公司的人才,CEO也要做一个好HR。

5月24日 职级的通货膨胀

加入后我管多少人的团队,用什么title,这种问题也经常让我郁闷,我有时候想问,WhatsApp有多大的团队? Instagram有多大的团队?你去××公司管理100多人,做没有什么挑战的事感觉很好吗?最好的团队难道不是用非常顶尖精干的人,做常人做不到的事情吗?

还有title,现在通货膨胀得比卢布还厉害,我一度想学习脸书的做法,在公司内实施,你想用什么title就用什么title,包括CEO也可以。我们HR也经常和我说,能否在title上松一点,我也差点同意了,但后来想想,不放松可能是正确选择,肯定有助于帮助我们找到那些对事情感兴趣、喜欢挑战、关注个人成长的人。而那些希望管很多人,而不是做一流事,喜欢通货膨胀Title的人组成的公司,人才密度一定不可能高,因为本质上,这样的人在乎的不是共事人的优秀程度,也不愿意open和其他优秀的人展开合作,更喜欢当"包工头"。

我在面试硅谷资深工程师时曾问过,你关注管理团队规模吗?几个回答都是:完全不关注,我比较关注做的事情和股票。他们还说,在硅谷一旦管理做久了,再有新锐公司起来,就很难加入,因为他们早期不需要招聘大公司总监。

——2013年张一鸣文章

| 背景分析 |

《谁说大象不能跳舞》一文中郭士纳曾经说过,他很少有等级制度观念,无论是谁,

也无论职务高低，只要有助于解决问题，他们就一起商量解决。在这种思想指导下，他取消了委员会决策制度，选择更直接坦率地与员工交流。

张一鸣所指出的职级通货膨胀是目前国内互联网公司的通病，尤其以区块链圈为甚，三人行必有副总，真正的人才不应该被职级虚名束缚，而应该在乎切实的事情。

> **行动指南**

和优秀的人做有挑战的事，应该比管人和 title 更重要。

6月 愿景和价值观

6月1日 故事的力量

当一个社会单位超过 150 个人的时候,想要让这个团队保有凝聚力,就需要借助于"故事"或者"愿景"的力量了。

过去三年,从今日头条创立,到如今公司规模不断扩大,今日头条自身的愿景始终清晰如初,就是成为"最懂你的信息平台,连接人与信息,促进交流与合作"。正是这种愿景上的坚定,保证了公司在面临很多诱惑的情况下能保持冷静,让今日头条成长为今天这样一个独立的平台级公司。

——2016 年 1 月张一鸣获"创业邦年度创业人物"演讲

背景分析

张一鸣说的这个观点来自《人类简史》。他认为这本书主要讲述人类崛起的过程,涉及了多个学科的知识,描述世界的尺度非常宽阔,能站在一个比较高的角度思考全局。张一鸣表示这本书让他受启发较多的内容是，人类语言的独特之处，在于可以虚构。讨论虚构事物正是智人语言最独特的功能。虚构让人类能够拥有想象，最重要是可以一起想象，共同编故事。智人的合作不仅灵活，而且可以和无数陌生人合作。正因如此，智人才统治世界。

张一鸣从《人类简史》的观点中，找到了关于"愿景"的基础理论，并且从这里出发，进一步阐释了今日头条愿景的作用。

行动指南

团队越大，愿景越重要，要善于讲故事，用愿景团结人。

6月2日 创作平台

我们不仅想做一个最大的分发平台推荐引擎，还想做一个最大的创作平台。

在三周前，我们在北京电影博物馆举行创作者大会，在业内引起很大反响，为什么我们说希望成为一个创作平台，因为我们发现还有非常多的内容没有被创作出来。

国内有一个写金庸小说各种感想很好的人，我第一次看到他的文章就跟他联系，后面发现他是新华社分社的一个记者。我就邀请他到今日头条开通"今日头条号"，后来他到今日头条创作后，第一天的阅读量就达到了三十多万，基本上是一个大型都市报的阅读量。我们帮助用户找到了更好的分发，也帮他找到了非常多金庸迷。

其次我们希望帮助创作者获取更好的收入。很多好的"今日头条号"有了很多的读者，但是没法专心地创作，为什么？因为他们没有很好的收入，所以我们在帮他们做一个广告变现的系统，把变现收入的绝大多数返还给他们。但是有些领域创造的内容并不适合广告，可能有些是公益的，也可能是灾难调查的，这些不适合打广告，那我们也做一个事情，就是给他一点补贴，并且我们的补贴是不排他的，我们希望内容越广越好，所以不论是广告分成还是补贴，我们都允许他在其他平台进行传播，我们希望这个生态是最有利于创作者创作的。

——2015年9月30日龙岩籍互联网新锐高峰论坛主题演讲

| 背景分析 |

在张一鸣进行这次演讲时，今日头条已经是中国第二大内容创作平台，上面的创作者中超过1亿阅读的账号有47个，超过5000万的有173个，超过1000万的有1298个，今日头条已经吸引了无比庞大的创作人群。在这种基础上，张一鸣顺势而为提出成为最大内容创作平台的愿景，在扩展字节跳动业务边界的同时，也坚定了创作者们在今日头条持续创作的信心。

| 行动指南 |

更高的愿景，帮助用户更好地成长。

6月3日 决战第一

公司业务基本分成三部分，获取用户的是BD（Business Development，商务拓展）、PR（Public Relationship，公共关系）、UG（User Growth，用户增长）；产品、技术运营的同事通过优秀的产品服务让用户留存下来；提高活跃度，提高点击量，提高用户满意度，这就是流量；商业化产品、商业化销售、商业化运营的同事就把这个流量变成收入，这么一个循环。

这些部分如何高效运转起来？转动的速度如何越来越快？发展足够好的话一定会有足够多的钱、足够多的人投入到这个系统来，输入其实是无限的。只要你公司发展得足够好，你就能越快达到目标。

如何运转得更快？我们思考一下这个抽象问题，如何让产品运转得更快？

我们写程序的话，写代码的习惯再好一点，尽量节省内存，尽量提高服务器的CPU频率。我觉得提高公司这个产品运转速度的核心是管理和价值观。管理是相对硬性的，是公司的硬性规则。

价值观呢？价值观是公司运行的基本理念。在愿景的指引下，大家能够围绕着如何让愿景更好达成的价值观工作。

——2016年3月今日头条年会演讲

背景分析

克里斯坦森的《创新者的解答》一书中认为，创新能力由三个因素构成，即资源（Resowrce）、流程（Procedure）、价值观 Value（RPV 框架）。一个组织的价值观是员工在面临具体事务时优先决策的标准，比如什么样的客户对今日头条更具有吸引力，什么样的产品想法更有可能得到上面的认可，什么样的订单价值更大。

在张一鸣说这段话的时候，今日头条的员工还没有超过一万，而目前正向着十万人逼近，有人估计很可能会超过阿里的10.34万人，创下互联网公司员工数量的纪录，这时候更显得早期价值观建设的重要性。

行动指南

用愿景指引团队，用价值观规范团队。

6月4日 消灭"早知道就好了"

我们有一个愿景，简单来说就是希望消灭"早知道就好了"这句话。因为我自己有这样的感受，经常会听到人说"早知道某某事就好了"，这其实就是信息鸿沟给社会带来的成本，而提高社会沟通效率可以更好地降低社会成本。

移动互联网时代有一个"双向"的特征，即用户行为可以随时返回到内容发布者，并且内容发布者也有机会不经过第三方直接和用户发生联系。显而易见，移动互联网可以同时提供连接和信息服务。

所以，我们不仅帮助用户找到优质的内容，也帮优质的内容找到优秀的读者。比如，有关科学历史或者文化的内容，可能很难在邮局和机场这种地方发布，但有了推荐引擎以后，我们就有机会推荐给用户，所以现在我们发现，在今日头条上已经产生了一批特别的信息受众。

最近两年最大的变化还是介质，介质的变化带来了很多其他方面的改变。最早的介质是在墙上招贴的广告（无论是黑板报还是宣传栏），之后是报纸和杂志，再后来是电视等媒体。

和之前的各种介质相比，现在的移动互联网有诸多优点。首先是信息传播形态，已经不仅仅是以前的视频和文字等，现在投票和游戏也是一种形态；其次，它确实是双向的，用户产生的动作和行为（无论是评论还是游戏的测试结果）也是对内容的再一次贡献。从信息的创作到分发，介质带来了如此大的变化，我们的这个时代就一定要符合这种变化。

我发现现在参与内容创作的人越来越多，在我们平台上进行第三方创作的非传统媒体在增长，已经占到一半的比例，预计在未来有80%的内容会由个人和非专业机构创造出来。这是一种认知盈利的表现，因为很多个人和机构积累了信息和内容以后就想分享出来。而其他的专业机构会发布一些专业报告或内容，比如"双11网购安全攻略"；还有公司企业等自媒体，比如小米的雷总每次在今日头条上发布内容，他们的新产品也很受欢迎。在这个基础上，机器实际上是解放了人，让人可以参加更多的创造，在这场变革中信息生产方式会慢慢转变为以内容的组织导演等为主。

——2015年互联网大会演讲

背景分析

从字面来看"消灭早知道就好了"，其意义几乎就是"预知未来"，但张一鸣的这个愿景显然是从技术角度出发的，其背后真实意义应该是"实现最优推荐，让每个人都能提早获得所需信息。"

张一鸣对这个愿景的阐释是对团队最好的激励，将公司业务与社会贡献相结合，将推荐引擎的意义拔高到了时代趋势的位置。

> 行动指南
>
> 提出愿景，阐释愿景。

6月5日 追求极致

"追求极致"有两个角度。同样一件事，你看到的空间是十分，然后你做到十分，叫追求极致，但如果你看到100分，你只做到60分，在别人眼里已经到极致了。

在看到事情的可能性方面，我比较幸运。同样一件事，有的人只看到新闻客户端，我可能看到的不仅是新闻客户端，还是信息分发平台，甚至不仅是信息分发平台，还是创作分发讨论的平台，还能覆盖不同主题和题材。

在这样的广度里，想做到极致就非常难了，即使把各部分做到比较好，也是非常有挑战的。我的标准确实比较高，但我以前做不到每件事情比别人好，所以，我越来越欣赏那些在看到的空间里做到极致的人，也希望自己是那样的人。

——2015年4月23日《成都商报》采访

> 背景分析

柯林斯的《从优秀到卓越》一书中认为，优秀是卓越的大敌，其原因之一是，优秀的公司追求把事情做到最好，而卓越的公司则想要实现公司的跨越。从这个视角来看，张一鸣的"两种角度论"正好与之暗合。

张一鸣超出新闻客户端这件事本身，看到了今日头条背后的信息分发平台，抖音后来的成功，也是因为超出了原来的短视频工具本身，成为了另一种模式的推荐引擎。

另外，字节范的第一项就是追求极致，这种价值观是贯穿公司上下的。

> **行动指南**

跨越思维，追求更高的极致。

6月6日 更深入地解决问题

前段时间，我们启用了一个新办公地点紫金数码，装修问题在今日头条圈被广泛讨论，很多同事吐槽办公室气味不好。我们因为团队成长太快，老是要搬新办公室，所以一直有这个问题。我也问房产的团队，为什么不能解决？他们说，按照最高标准测试，也绝不超标。我们确实尝试了各种办法，但这是一个行业难题。有些公司的做法是多摆点绿植，但其实只是心理安慰作用。

那我就说，我们真的尝试了世界上最有效的办法吗？有没有可能介入生产环节，有没有可能联系材料专家，从工艺和流程入手，彻底解决问题？虽然很难，也许不能在一个月、一个季度搞定，甚至一年内都解决不了，我们还是要想办法去尝试，希望明年，我们在这方面能有所突破，不仅帮几万员工解决搬家时会遇到的空气质量问题，可能还是很好的商业机会。

——2019年字节跳动七周年演讲

> **背景分析**

一个人做对了一件事，会有一千种理由佐证他的远见卓识。但正是这一片沸沸扬扬的赞誉声，让人们格外难以探索，他是如何做得这么好的？毛泽东曾经说过："人的正确思想，只能从社会实践中来，只能从社会的生产斗争、阶级斗争和科学实验这三项实践中来。人们的社会存在，决定人们的思想。"张一鸣并不知道解决装修气味问题的办法，但他并不轻易放过，而是选择正确的方向，在正确思想的指引下，坚持长期做正确的事，而且追求极致。

> **行动指南**

做正确的事,而不是做容易的事。

6月7日 积极进取

谷歌第四年的时候,没有YouTube,没有安卓,没有Gmail。腾讯第四年的时候,没有游戏,没有OMG网络事业部,没有微信,上市的时候只有十亿美元,第四年只是一个很早的开始。阿里巴巴最典型,2002年的时候没有支付宝,没有天猫,没有蚂蚁金服。这并不是逆袭,它们成立四年的时候也是业界最优秀的公司,谷歌不用说了,腾讯也是当时业界最优秀的公司之一,阿里巴巴的1688是当时最大的B2B,也是最成功的互联网公司之一。

这些公司,并不是说前四年平平无奇后来才起步的,它们在成立第四年发展都非常好,但是四年之后,他们的未来诞生了更多值钱的东西。不是每个公司都是这样,很多公司到第四年时已经到了峰值,没有再增长就衰落了。

我们希望字节跳动积极进取、追求极致,在四年之后还能创造出更多精彩的东西。

——2016年3月今日头条年会演讲

> **背景分析**

今日头条创办的第四年是2016年,这一年今日头条的日活是4000万,这项成绩让公司全体无比欢喜。与此同时,张一鸣却并不满足,他看到的是另一件事——相比于谷歌成立第四年时候的收入,今日头条足足少了700万美元。

张一鸣在演讲中表示警醒,指出有的公司四年后仍然增长,有的公司四年后就陷入衰落。无论是谷歌,还是腾讯、阿里,张一鸣所对标的公司都是世界级的巨头,由此可以看出他对今日头条一直以来的远大期望。

> **行动指南**

公司早期发展迅速，更要让公司保持积极进取的状态。

6月8日 公司快速迭代

随着公司规模的扩大，我越来越倾向于把公司当作一个产品来看待：产品迭代要快，公司迭代也要快，毕竟这个社会给你的时间窗口其实是有限的。公司变大了，越来越大，可能更像是一个系统的状态：管理一两百人和管理千人自然也是不一样的状态。我会试着把以前做产品的方式融会贯通到管理的过程中去。把公司当作产品，举个例子，提前设想好各个环节的迭代度，努力去做后你会发现，整个公司的迭代速度大大提升了。

——2016年1月张一鸣获"创业邦年度创业人物"演讲

> **背景分析**

"像打磨产品一样打磨公司"，这是张一鸣一直以来的管理方式。从一开始创业，他要打造的产品就是两类：一类是具体的互联网产品；另一类就是成功的公司模型。

很多创业者都会花费大量时间关心业务、关心数据，但却对鸡毛蒜皮的公司日常事务不屑一顾，而张一鸣却对这些琐事极为重视。

举一个具体的例子，据张一鸣身边人说，他会把人事、招聘、汇报、关系维护甚至离职等所有流程都当作产品来打磨，不断提高其中效率。

正是因为字节跳动把这些细节做到极致，所以到现在已经接近十万员工，却仍然动作迅速，没听说有关于大公司病的传闻。

> 行动指南

迭代产品，也要迭代公司的管理。

6月9日 公司快速迭代

Control 除了会带来战略上的问题，还会因为追求控制感而导致企业反应迟钝。在座的都是CEO，我们可以把支出、合同、offer，全部加起来算算每天的审批有多少。假设一天是15个的话，一年就是5000多个。其中真正有效的有多少，经过大家认真思考的有多少，还是它的存在纯粹基于控制感？好像做了支出审批，资金就不会被乱使用。相较而言，你的下属或者其他人是不是能够更好地审批？我想是的，因为他们在一线决策，有更充分的外部信息。由于CEO精力有限，大量的审批延时，让很多事情平白增加了一天到两天的时长。

——2017年源码资本年会张一鸣演讲

> 背景分析

字节跳动的各种wiki（内部文档资料库平台）、OKR（Objectives and Key Results，目标与关键结果法），以及很多源代码和数据都是公开的，很多权限也是默认开放的。

比如，员工外出用车从来不需事先审批。甚至在一些对外合作项目上，也不需要特别复杂的内部审批流程。因为公司反复强调，要对同事首先做出善意假设，假设同事的所有行为是可信赖的。

对高效的内部效率的坚持，显现在外部就是战斗力。

一个比较典型的例子是，某自媒体的人来找今日头条谈合作，与相关负责人对接，两个小时就做出了决定。而之前他们找腾讯合作时，去了五次，见了三个人，每个人都说要往上请示，等上面开会审批决定下来，他们已经找了下家。

行动指南

信任伙伴，减少控制。

6月10日 信息是人类文明最重要的部分

过去20年，人工智能一步一步从理论书籍上来到了现实世界。我五年前创立今日头条时候的初衷，是希望在信息时代加强人和信息的连接。我认为，文明的前提和标志，是信息的充分流通，今日头条也是最早把人工智能技术大规模应用于信息分发的公司。我们的愿景是做"最懂你的信息平台、连接人与信息、促进创作与交流"。当我们谈论信息的时候，不只是在谈股市信息、天气预报、交通路况，信息是整个人类文明的编码，是人类历史、今天、未来所有思考与表达的总和。信息是人类文明最重要的部分。

——2017年12月人工智能与人类文明论坛峰会致辞

背景分析

张一鸣的观点并非无根之水。《信息简史》的核心观点之一就是"信息维系着人类文明的完整性"。在计算机出现之前，"会说话的非洲鼓"就已经带有编码性质，甚至可以像互联网一样去中心化实现信息交流。张一鸣把公司愿景置于宏大的人类愿景之下，不但可以给予内部动力，也可以在更高的层面上获取外部支持。

行动指南

愿景要有人类命运共同体的视角。

6月11日 拒绝形式感

任何带有等级的形式化的称呼，都可能潜移默化压制内容。比如说我叫他"楚方老师"，批评他的时候心里就可能有顾忌，即形式感会压制内容。

——2015年6月29日 张泉灵采访张一鸣

背景分析

在公司里，称呼往往意味着地位，传统公司以职级相称，结果往往造成沟通障碍。

新兴互联网公司为了避免这一点，很多巨头都采用英文名或者花名，以此淡化职级关系，但这又慢慢演变出新的"潜规则"，其中比较典型的例子就是崇尚武侠风的阿里。阿里员工人数庞大，能叫得上号的花名往往是高管或老资历员工，普通员工的花名则越来越偏，没有任何武侠感。

张一鸣则删繁就简，直接要求大家以名字相称，打破"不直呼其名"的传统的同时，也在形式感上淡化了层级观念。

行动指南

不让形式感压制内容。

6月12日 突破定式

我们从来没有研究过新闻客户端，所以能抛开包袱，不拘一格地做这个产品。对于用户怎样获取信息的问题进行深入理解，而不用受困于新闻媒体自身的诸多缺陷。

我们的思路和理念与传统的新闻媒体不一样，能将搜索与推荐的技术优势最大化地嫁接在新闻客户端上，为每一个用户推荐切身相关的资讯。从更大意义上来说，它已经不再是一个新闻客户端，而是一个连接用户到信息的入口。

——2013年接受《广告主》杂志采访

背景分析

能突破，有担当，打破定式，这是字节范中"务实敢为"的含义之一。不得不说，互联网进入中国这么多年确实已经有了代差，中老年互联网人受到曾经的成功经验的影响，已经与新一代互联网人的思维非常不一样。

在今日头条的推荐模式已经非常成功的今天，仍然有不少老互联网人在批判，指责今日头条的信息茧房，仍然不能接受这种产品模式，事实上他们已经不知不觉落入旧的思维定式之中。

要想做出更好的产品，就必须得放弃旧的观念，不断革新，不断向前。

行动指南

抛开包袱，不拘一格，用新的思想做产品。

6月13日 反对降级

既然你已经考虑进入互联网公司，那就该选择快速成长的科技型公司，如果你是技术出身更应如此。但并非所有互联网企业都称得上科技型公司。前段时间流行很多互联网+传统行业的创新——互联网营销手段改造卖衣服、卖烧饼、养猪等，尽管我并不反对这类组合，也很认同其进步价值，他们通过互联网进行营销，使用已有的互联网工具抓住了商业机会。但在我看来，这更是像是生意人，而不是科技人应该做的事。科技人才应该选择创新、创造，让技术产生根本性进步或者解决之前不能解决的问题。

联系一直以来流行的"降级论"（大意是，干吗要做这么酷的事情，要学会用技术做一些风险低、竞争小的事，死在沙滩上的精英好傻），我不反对不同的人和不同阶段的人选择做降级的事情，但是我认为，应该有一些人、有一些公司可以有更高的目标，一流的技术人才应该加入顶尖的科技公司，顶尖的科技公司应该敢为天下先。

那么，什么是顶尖的科技公司，或者怎么考量一个互联网公司的科技创造力？我觉得，最该看重的是技术投入，以及技术因素对业务的贡献，公司为用户创造的价值里，有多大比例是通过技术投入而不是"地推"烧钱完成的。技术投入包括技术员工的占比、服务器的多少、算法构架上的投入等。从这个角度，我个人是很欣赏 Elon Musk（埃隆·马斯克）的，从 PayPal、SpaceX、Tesla 到 SolarCity，他是真正在做有科技含量，且能让未来提前到来的事情。当然过去的苹果、微软、谷歌也是如此。

——2013 年张一鸣文章

背景分析

《创新者的基因》一书中提到，要有非同凡人之所为，就要有非同凡人之所想。创新者无论是孑然独行还是结伴同行，他要走的道路注定是人迹罕至的道路。

张一鸣反对"降级论"和提倡科技人应该做科技人的事，这本身就需要莫大的勇气，他所表现出来的对顶尖人才的期望，也是他对自己的要求，这也能吸引到很多持相同价值观的人才加入。

行动指南

一流技术人才应该选择顶尖的科技型企业。

6月14日 保持机器的善意

机器的善意，是由人的善意所决定的，我和我的团队认同这样的观点。技术是一个杠杆，它能够让个体变得更大。一个坏人徒手可能没有很大威胁，但一旦有生物技术或核技术的协助，就会造成很大威胁。计算机也是，如果监管得不好，漏洞会被少数人利用。比如侵入交通系统、误导交通网络，会带来非常大的问题。但我相信技术进步正在加快，这个世界的进步在加快，如果不能阻止它，我们就努力让它朝我们希望的方向发展。

——2015年7月14日吴晓波对话张一鸣

背景分析

阿西莫夫在1940年写出机器人三原则，其中第一条就是"机器人不得伤害人类，或看到人类受到伤害而袖手旁观"，但比较讽刺的是，后世几乎每一部提到"机器人三原则"的影视剧，机器人都违反了这个规则。原因大部分都可以归纳到一个方向，即机器人被输入三原则的时候，"人类"这个词意思被篡改了。种族主义者将"人类"定义为"白人"，恐怖主义者将人类定义为"人类整体"，豪富阶层甚至将人类定义为"衣着华丽者"，从而引发机器人对人类个体的大屠杀。

在超级人工智能诞生之前，操纵机器与算法的人必须对其每一个行为负责，必须对人民保持善意。

行动指南

机器的善恶由人决定，保持机器的善意。

6月16日 保持学习

作为一个企业雇主，我们更喜欢能够学习多种知识能力的人。

比方说我们公司的产品经理很多都是工程师转型的，还有一部分是设计师转型的；人力资源负责人是学电子转型的；行政的负责人是学计算机转型的。纯专业对口并不是这么关键，更需要的是能够学习多种知识，保持学习能力比知识的积累可能更重要。现在的互联网可以随时获取知识，你自己组织知识结构、更新知识结构的能力，我觉得可能更重要。

——2018年3月20日张一鸣对话钱颖一

背景分析

学习能力比出身专业更加重要，终身学习是顶尖人才必备的能力。张一鸣本人就是学习强者的代表，其中比较典型的例子就是他本人在大学时期从不打游戏，一直认为那是浪费时间，但是当字节跳动决定做游戏的时候，他不仅每周五抽出部分晚上时间玩游戏，而且迅速学习了很多游戏术语。历史上在学习方面做得比较极端的领导者还有管理大师德鲁克，他甚至会每隔三四年都挑选一个新的知识领域下苦功学习，以期望获得更多启发。

行动指南

重视人才的学习能力，不断更新自己的知识结构。

6月17日 注意力要放在外部

很多公司搬了总部之后，就以为自己是个"大公司"了，开始了很多乱七八糟的破事：比如谁有办公室谁没有，谁在新办公区谁在旧办公区，谁的办公室大谁的小，谁的座位有窗谁的朝西，还有的公司高管要独立电梯，需要颇有讲究的茶几甚至茶室等，让这些外在的不重要的东西成为负担，非常俗气。环境好是好事，但公司内部各种讲究不应越来越多，注意力要放在外部，产品、竞争、用户、客户、候选人上。

——2016年3月张一鸣内部信

背景分析

今日头条刚创立的时候是在锦秋家园的公寓里，后来人员陆续增多，又租下了楼上的房子，再后来融资越来越多，于是搬到了盈都大厦。但不论是锦秋家园还是盈都大厦，都属于北京的老破小创业区，对人才招聘很有影响。当然，张一鸣自己认为优秀的人应该并不介意这些。

对于搬总部这件事，张一鸣有过自己的思考。2013年，他在美国拜访过微软和星巴克的总部，他发现微软总部的员工对行业和用户并不敏感，他认为这与微软总部过于豪华、氛围过于小清新有关，相比而言处在普通大楼里的星巴克员工更能与外界共情。

2016年3月，今日头条总部迁往相对独立的知春路，张一鸣时刻警惕公司文化出现问题，于是在搬总部时提出告诫。

行动指南

不要太在意公司内部的讲究，要始终将注意力放在外部。

6月18日 保持创业文化

我们每两个月有一个全员会，有一个员工提问：公司如何变得很成熟？我的想法相反，我们恰恰要保持年轻，不要对新事物随便持否定批判的态度。新事物出现一定有它的原因，一定要去体验，去尝试，去观察它的发展。我们对团队有很多要求，很早的时候，我发现管理团队不用抖音，很着急。我要求他们每个月拍两条视频，要获得多少个点赞，用强制手段让大家保持年轻。我们公司企业文化是始终创业，类似亚马逊的 Always Day 1，永远像公司创业第一天那样思考，永远思考用户在想什么。

——2018年3月20日张一鸣对话钱颖一

背景分析

创业公司最典型的特点就是敢于冒险、反应敏锐，而大公司发展到一定时期，高管群体不再接触一线事物，公司的反应就会变得迟钝。张一鸣希望员工保持创业状态，要求高管每天刷抖音，就是担心公司成长太快，决策团队离用户太远，失去了敏锐度。

行动指南

保持年轻，而不是变得成熟。

6月19日 学习星巴克

2013年的时候我去了一趟西雅图，参观了微软和星巴克的总部。微软的总部就像一个风景优美的校园+度假酒店，设施完备，福利良好。众多名校的佼佼者毕业后即加入这个顶级的企业,职业生涯亮丽舒适,生活优雅小清新。但是我感觉并不好。因为和微软的员工交谈发现他们对行业和用户并不敏感。到了星巴克的时候,看到这个成立26年的公司居然只租了一栋很普通的楼,装修虽然美观舒适,但是丝毫不显豪华精致。

同行的某位大叔告诉我,星巴克认为如果设计建设一个功能太完备舒适的总部,大家会产生舒适感,跟外界隔离,容易内部视角。我们和星巴克创始人舒尔茨开了一个短会,也是在一个类似过道的休闲区中进行。星巴克是一个卓越的公司,不信大家可以查查他们过去20年的股价,他们的文化也很有特色,非常注重平等、品质和顾客。

——2016年3月张一鸣内部信

背景分析

张一鸣第一次去美国是因为参加了一场中美互联网公司的交流活动,当时参观了许多美国大公司,体验了特斯拉新车型,买了新款苹果手机,但是让张一鸣三年后仍然念念不忘的却是大公司总部的对比。他非常警醒,公司发展到一定程度,会陷入一种舒适的状态,所以他对星巴克的做法非常推崇。今天的字节跳动已经接近十万员工,但是它在北京的总部却非常分散,似乎到处都有其办公大楼。

行动指南

学习优秀企业的优秀文化,要让公司像星巴克那样,学会主动接地气,减少隔离,保持开放。

6月20日 多元兼容

创新已经延展到了社会的层面。计算机技术的发展不仅仅只是计算、传输、储存、算法方式的革命，也会对人类的经济和社会的组织方式提出创新的要求。"资源配置由网络重构"与"共享让边界加速坍塌"是两种正在勃发的力量，由此带来更为开放的观念和更冒险的尝试。这就是触动我的地方——技术没有边界。作为科技的创业者，某种意义上说，我们都是冒险者，在看不到边界的地方探索着，我们对现实生活有着巨大的热情，希望能开拓一种新的产品和服务模式来改变传统的组织方式、工作与生活方式，这种观念是融于我们的血液之中的。

可能有人会说，我不愿与人去共享我拥有的东西，也不会分享我的私人的数据，但这些只是现在的观点，我们目前还处于共享时代的早期，随着时间（的推移），越来越多的人会加入其中，随之带来商业和社会的资源重构与传统的边界加速坍塌。科技与网络没有边界，我深信这一点。

——2014 年 10 月 20 日张一鸣硅谷行总结

背景分析

2020 年特朗普在美国禁用 TikTok 时，张一鸣这两段话被各大媒体一再引用。从某种角度来看，张一鸣这段话是对自己未来的预言：他看到了字节跳动作为一个科技公司，将来在科技创新的过程中一定会延展到社会层面，也会和他 2014 年见到的那些伟大的科技巨头一样，对社会产生切实影响。

在这种情况下，他没有选择回避，而是相信科技和网络没有边界，必须怀着兼容并包的态度，坚持发展创新，参与到商业和社会资源的重构中。

行动指南

相信科技和网络没有边界。

6月21日 业务边界

业务边界是我现在的主要思考点，我基本以科斯定理为基础，加上一些组织和系统角度的思考。我们有一个原则——尽量不做别人已经做好的事，不能比别人做得更好就不做，除非是业务防御关键点。

世界是动态的、前进的。如果你停下来去做别人已经做好的事情，你和对方都会被时代潮流落下，因为世界不是只有你和你的对手。

公司能不能多元化，要不要进入上下游，要不要做产业基金，股权投资的意义在于什么？国际化也是我们未来的一个重点方向。最近我还在思考，国家为什么有大有小？

——2016 年 12 月 14 日张一鸣接受《财经》采访

背景分析

科斯定理，即在某些条件下，经济的外部性或者说非效率可以通过当事人的谈判而得到纠正，从而达到社会效益最大化。

张一鸣这段话其实是在回避关于业务边界的问题，他所引用的这个定理可以被简单理解为，只要符合市场公平竞争原则，他做什么都可以。

因为张一鸣本来就没有给今日头条的业务设限，事实证明他后来也确实是这么做的，社交、在线教育、游戏后来都成了今日头条的开拓方向。

行动指南

不做别人已经做好的事，除非是关键防御点。

6月22日 世界是多样化的

企业和媒体的区别在于：媒体是要有价值观的，它要教育人、输出主张。这个我们不提倡。因为我们不是媒体，我们更关注信息的吞吐量和信息的多元。我们会承担企业的社会责任，但我们不想教育用户。

世界是多样化的，我不能准确判断这个好还是坏，是高雅还是庸俗。我也许有我的判断，但我不想强加我的判断给今日头条。如果我在现实生活中也没有说服别人，为什么我要通过我的平台说服别人？

——2016年12月14日张一鸣接受《财经》采访

背景分析

张一鸣认为字节跳动是企业而非媒体，所以不想输出价值观，而是始终抱着兼容并包的态度。对此，他有一个非常生动的类比，他将今日头条比作邮局，虽然有很多输出价值观的报纸在那里发表观点，甚至有些观点他们并不认同，但是他们作为平台仍然会发行这种报纸。

优秀的平台型的公司必须有兼容并包的文化，这种文化下的员工才能始终保持开放的态度，减少对现实世界的偏见。

行动指南

不要强加价值观，尊重世界多样性。

7月 形成组织

7月1日 如何吸引人才

如何吸引人才——我总结了（总结不表示我做好了，而是认识到要做好）四个要素：短期回报、长期回报、个人成长、精神生活。从左到右，从易到难，其中丰富不一般的人生体验和精神生活是最综合要求最高的，要不断反思追求，九九房会努力做好！欢迎优秀的技术人才、产品人才加入一起共事。

——2010年5月张一鸣微博

背景分析

写这段话时，张一鸣处在九九房时期，那个时候他就已经认识到了人才的重要性，并且始终把吸引人才放在非常重要的位置，甚至细化出了吸引人才的四要素：短期回报、长期回报、个人成长、精神生活。

张一鸣在之后字节跳动的创业过程中，也始终非常重视这一点，他把"和优秀的人一起做有挑战的事"作为过滤人才和吸引人才的方式，基本上用一句话满足了上面各个元素。

行动指南

细化出自己所需人才的要素，并想办法吸引他们。

7月2日 看年轻人的潜力

看年轻人的潜力，看他周末几点起，周末在干吗，下班在干吗。甚至不一定要干吗，只要看想些什么。

——2010年9月张一鸣微博

背景分析

年轻人往往既没有阅历，又缺乏工作经验和作品，过往的成功学喜欢拿勤奋程度衡量他们，而张一鸣却选择了另一个角度——想法。张一鸣的这段话博得了很多年轻人的好感。

行动指南

看年轻人要看想法。

7月3日 不投机

对十年前的我说一些有意义的话，我想说：我们应该有一些人去尝试理论上成立的但现实中没有发生的事情。给年轻人一些择业的建议，不降级、不投机、和优秀的人做有挑战的事情。

一段时间降级论流行，我们想有一些能在短期更快实现的目标，更少人从事——无论是电动汽车、火箭发射——这种更有挑战性的事情，这个时代中国的年轻人应该有信心尝试一些别人不敢尝试的事情。

不投机。很多年轻人选择工作，这个公司刚刚融到五亿美元就去这家公司，这家公司找了豪门干爹，BAT投资了我就去这家公司。这些选择并不是出于本身的兴趣爱好，也并不是出于挑战的难度，而是出于公司是不是有很多钱，公司是不是符合当下火热的概念，公司是不是有很强的资金支持。

选择公司应该看到这家公司是否具有延伸的承载能力，能够用最少的钱获得企业最快的增长，能够和优秀的人共事，这家企业是不是汇集了很多优秀的人才。

做有挑战的事情。当下很多事情是很火，但我想十年前无论是做电动车还是发射火箭，都不是很火的事情，国内也是一样的。BAT他们诞生之初并没有做得很火，而是在做很有挑战性的事情，所以现在年轻人择业的时候应该更看重事情的挑战，如果有机会和优秀的人做有挑战的事成长是最快的。

——2015年12月5日 中国企业领袖年会演讲

背景分析

2015年前后，BAT盘踞在中国互联网上，几乎就是三座不可逾越的大山，所有年轻人只要从事互联网行业，难免以这三家为尊。这三家对于人才的吸引力也是无与伦比的，以至于市面上的优秀人才都被这三家和他们投资的企业吸引，其他家无人可用。张一鸣鼓励年轻人不投机，不降级，目的也是为自己招聘人才多开一条路。

行动指南

年轻人不要盲目追求风口，要做有价值的事情。

7月4日 人才也会比较的

创业企业在中国越来越普及，优秀的人才也会在之间比较。况且好的机制也是重要竞争力，我建议所有创业者都以好的心态与机制和团队分享创业过程和结果，而不要"忽悠"，这样创业公司才会更容易吸引人才。

——2010年9月张一鸣微博

背景分析

过去创业公司提不出好的愿景，也没有好的想法和执行力，所以才喜欢忽悠刚刚入行的人才。但这是一个恶性循环，当一个谎言诞生的时候，就需要一百个谎言去弥补它。老板拼命给员工画大饼，却又无法兑现承诺，也无法实现自己所说的事情，这样的结果只能是人才离开，庸才留下。

行动指南

不要忽悠人才。

7月5日 兴趣是最好的老师

兴趣是最好的老师。最近招聘主要考察兴趣，和兴趣带来的学习习惯。

——2012年7月张一鸣微博

背景分析

管理学大师德鲁克曾经在《旁观者》一书中写道:"我从未认为哪个人特别无趣。墨守成规的也好,传统的也罢,甚至是极其无聊的人,若谈起自己做的事、熟知的东西或是兴趣所在,无不散发出一种特别的吸引力——每个人自此成为一个独特的个体。"

这是一个日新月异的时代,学习这件事在所有人的工作中都非常重要,要想让员工保持学习,兴趣这件事的重要性就体现出来了。

行动指南

考察面试者的兴趣。

7月6日 CEO 应是 HR

其实,一名 CEO 应该是优秀的 HR,如果把公司当作一个产品,主要有三种输入。第一种是钱,资金输入;第二种是机会输入、信息输入,业界在发生什么,要有什么改变,这个考察 CEO 的判断;第三种是人才输入。

公司的产出是利润、是服务、是产品,在输入跟输出之间,取决于输入质量以及对输入的配置。资金是否有效使用,人才是否有效使用,这部分是管理。输入和管理决定输出,在定了公司业务方向后,输入中最重要的是考虑人才的输入。

除了 CEO 要做 HR,HR 也要做好 HR。行业的现状是 HR 的门槛低,我觉得,HR 不仅是招聘,还要参与公司的组织管理、协助 CEO 和业务主管进行招聘和人才的配置,要对公司、对组织能力有深入的思考。

我认为,甚至可以说,人力资源其实就是指对人力资源的理解。如果你准确理解你的业务目标,同时衍生出对岗位的理解,并且你对业界的人才非常理解,那么业界的人才都是你的,因为人才都是流动的。

如果一个公司不能正确理解人才，那么他的人才并不是属于他的。经常会出现一个情况，一个人在这个公司表现并没有很好，出去别的公司或者创业获得很大的成功，这就说明他并不是你公司的人才，因为你没有正确理解从而使用。

如果给HR提一个很高的标准的话，我觉得要能写出 *How Google Works* 这样的书。如果HR不能对如何组织，以及如何动员产生效率有理解的话，只是做招聘等事务性的工作，其实离一个优秀的HR还非常远。

——2016年源码资本年会演讲

背景分析

业界有一种说法，在公司200人之前，所有员工都应该CEO亲自面试。一个好的CEO，最应该负责的就是公司有一个好的人才梯队。柳传志曾经给CEO定下过三条必须完成的事，定战略、搭班子、带队伍，其中两件事都与人有关。CEO是最应该与人站在一起的工作。

行动指南

做好CEO就要做好HR，不仅要做好人员招聘，还要有对动员产生效率的理解。

7月7日 早期晚期是相对的

中国股市有一个特点，小盘低价股，即使业绩糟糕也容易被炒高，因为股民觉得价格低容易涨。我最近发现候选人也有这特点。比方有的候选人会觉得某公司比我们小估值低，所以，只要做到我们1/3，被收购的话，也有不错的股票回报。也有人觉得加入更小规模的公司，更有成长空间，才有机会得到更大回报。

我觉得不然。比如成立三年的阿里巴巴和腾讯，大家觉得是早期还是晚期？他们后来都有超过100倍的增长。2010年的阿里巴巴和腾讯，大家认为是早期还是晚期？

四年内他们也有超过20倍的增长，这个速度绝对比大部分创业公司快。所以，早期还是晚期都是相对的，未来的空间大小才是绝对的。

——2013年张一鸣文章

背景分析

张一鸣深刻地洞悉了，一个在激烈竞争中领先的团队，往往会持续领先，和落后的团队差距会也会逐渐拉大，比如阿里巴巴和慧聪、百度和中搜。所以不应该抱持"投机"心理去选择第二名。

与此同时，张一鸣也对顶尖人才提出建议，要跟优秀的人做有趣、有挑战的事情，所以理性的选择是加入第一名的公司。

行动指南

赢者全拿，要选就选最优秀的公司。

7月8日 提升管理水平

《好奇心日报》：所有的部门当中，你觉得最应该扩张的是哪个部门？

张一鸣：技术，至少可以再翻一番。

《好奇心日报》：今年最需要解决的问题是什么？

张一鸣：招到好的人，把团队的管理水平提高。

——2015年4月29日《好奇心日报》采访张一鸣

背景分析

张一鸣在这段话中说到了互联网公司最应该重视的两个点：一个是要有足够多技术

人才，另一个就是要提高团队管理水平。技术出身的创业者往往忽略管理，而张一鸣却早早就注意到了这后面的问题。

行动指南

招聘足够多的技术人才，做好团队管理。

7月9日 如何招创新岗位的人

招人最简单莫过于招干过这个事的人。不过能找到最具合适特质的人更重要。特别是创新企业，很多岗位未必有成熟的人对应，或者业界的普通标准并不特别适合，或者具体的岗位有一些特别的要求。这时候通过对岗位的理解而去招具备性格、技能、爱好特质的人就特别重要。

——2010年6月张一鸣微博

背景分析

招人只看相关工作经验，这是最容易、最省事的招人方法，但也是最懒惰的。张一鸣曾经指责一个HR写的招聘要求"有五年以上互联网产品经验，具有日活千万量级以上的产品规划和产品迭代实施经验"。张一鸣直言，这种要求连陈林、张楠，甚至是自己都达不到。

这条要求看起来是在严格筛选，但实质上是图懒省事，不想切实考察行业人才，而一个公司要想真正发展起来，从人群中耐心选拔人才非常重要。

行动指南

招具有特质的人。

7月10日 选人要谨慎

（经常的感受是）沮丧，或者说郁闷，沮丧的程度有点儿深，比如某个候选人，我们觉得他很合适，却最终没有选择我们。这是很重要的原因，我不太会开除人，所以录用一个人会非常慎重，这导致我们招的人都是很多家同时在抢。虽然我们找人很费力，甚至经常看起来没有效率，但长远看又是最有效率的，因为一旦选对，以后会省很多很多事。

——2015年《芭莎男士》对谈张一鸣

背景分析

张一鸣在招人方面也同样采取了延迟满足感的策略，他宁愿在招人方面多花点时间，也不愿意在人才上妥协。

一位接近张一鸣的高管告诉笔者，张一鸣有一个判断，优秀的人才密度如果足够高的话，成本可以降下来。原因是价值观相近、智商相近，内部思想会高度一致，沟通成本就会降下来。

行动指南

招募更好的人，是短期浪费、长远有效的事。

7月11日 title 问题

前天，请教某前辈，他最后提到：年轻人很看重 title，有利有弊。title 好，你甚至少给 Ta 薪酬，Ta 都乐意，积极性特别高。但是工作经验长了，就不是如此了，更看重本质。但是 title 有一个严重问题就是容易引起比较和办公室政治。他说自己年轻时也是，无比重视 Title。

——2011 年 3 月张一鸣微博

背景分析

title 的通胀问题是很多公司非常严重的问题，尤其对于做了比较长时间，却又没有做出规模的公司。员工需要升级，但公司已经没有了成长空间，只有用 Title 强行留住人，但又因此导致公司内部陷入办公室政治。张一鸣后来在字节跳动采取只保留汇报关系的做法，也是为了解决这个难题。

行动指南

重视汇报关系，减少 Title 存在感。

7月12日

关于福利，好的公司应该争取提供：健康的食品、宜居不远的房子、舒适抗职业病的办公环境，这是真正的人力资本投资。

——2011 年 5 月张一鸣微博

背景分析

张一鸣这条微博非常坦诚，后来的字节跳动也是这么做的。字节跳动刚刚创立，张一鸣就找来了互联网公司最强厨师王月东，为员工提供免费饮食。后来，字节跳动一直坚持房租补贴策略，让员工能够住得离公司足够近。用一种经济学的思维来看，既然已经花了大价钱买了人才一天八小时工作，如果员工再因为住得远每天上下班都很疲惫，精力很差，这样公司就是抓小放大了。

行动指南

创造好的工作环境。

7月13日 激励策略

人才机制主要包括三个要点：第一个是回报，包含短期回报、长期回报；第二个是成长，他在这个公司能得到成长；第三个是他在这个公司精神生活很愉快，他干起事来觉得有趣。

——2016年源码资本年会演讲

背景分析

张一鸣的这个想法，基本上是前文四元素的晋级版。他将短期回报和长期回报浓缩在一处，原因很简单，这时候的今日头条已经是一家市值超过5亿美元的公司，无论是短期回报还是长期回报，今日头条都能够给得起了。张一鸣不需要再格外突出长期回报，以此吸引人才。

行动指南

打造全面的人才机制，满足人才成长需求。

7月14日 接受创业的磨炼

我之前都是偏技术创业，社交领域的创业让我有机会观察用户，在感性理解用户和产品方面有很大帮助。社交产品跟人打交道，很多用户直接给你反馈问题。跟王兴一起创业，那个创业非常注重产品品质，真的一个像素、一点点色差都非常敏感。独立创业的时候，九九房是对今日头条创业的演练。九九房那时候我当CEO，以前我把职责做完，还有问题向上汇报，但CEO不能向上汇报，要做独立的决定。招聘、辞退不能推给别人，这是对今日头条创业的演练。还是很幸运的，最终在移动互联网浪潮起来的时候，我有以上这些经历。

——2018年3月20日张一鸣对话钱颖一

背景分析

不得不说，九九房的创业对于张一鸣的发展非常重要。当初，王琼将张一鸣拉到九九房当CEO，张一鸣也曾面临着各种管理上的难题，据说甚至有员工争执后向王琼告状。不过这种状况并没有持续多久，后期的张一鸣对于处理管理方面的问题已经游刃有余，也是在这种情况下，他才敢出去独立创业。

行动指南

努力学习，积累经验，在机遇来临之前做好准备。

7月15日 用人之长

我比较喜欢真实的人,也可以说是认真的人。我以前比较保守,现在比较大胆。用人所长,只要不会对系统带来特别大的问题,我都愿意试试。

我不算适合掌兵,但看方向比管事情重要。我不擅长把事情推向极致,比如把公司推向运营效率最高,或者 push 到边界。但对公司来说,更重要的是对重要事情的开拓和判断。

——2016年12月14日张一鸣接受《财经》采访

背景分析

张一鸣谈问题很喜欢谈某件事对系统的影响,从这个视角来看,他一直将公司视为一个整体产品。如果将今日头条的人员组织架构视为计算机硬件的话,那么他们的文化就是运行在上面的系统。

张一鸣用人所长,就像是在计算机上测试程序,只要能给整体带来好处,而不伤害文化,他都愿意尝试。

行动指南

敢于用人,用人所长,CEO要做好开拓和判断。

7月16日 成长变化

公司要变成一个优秀的产品,离不开个体。公司发展得好,大家也会有很多机会取得各方面好的回报。每个个体都希望变成一个更好的个体，除了有好的回报，也相信大家更希望同时有成长。

和优秀的人做有挑战的事，就是成长的最好方式。

每年的年会内容虽然不太一样，但看过去三年，我觉得最主要的东西，都是没有变化的。所以希望我们把最重要的事情，在新的一年里面不断做好。

——2018 年 3 月今日头条年会演讲

背景分析

人生苦短，怎么能够每条路挨个试错？一定要走最有效的两条路：一条路是向优秀的人学习；另一条路是走出舒适区，做有挑战的事情。张一鸣所提出的"和优秀的人做有挑战的事"正好符合了这个标准。

行动指南

聚拢优秀的人一起做有挑战的事。

7月17日 锻炼人才

传统的单位可能要写可行性验证报告，然后开研究会讨论。而我们是 70% 靠谱就上线，上线看结果，先 5% 的用户试一下这个功能，反馈不好就下线，所以我们鼓励犯错误。我们每天都有功能上线，线上产品每天都有迭代，每天都能搜到昨天功能改进效果是上升了还是下降了，上升幅度大不大，要不要做下一步的实验。所以容错也是保持灵活的机制。比如航空公司是不容错的，所以每个飞行员需要非常复杂的培训，非常缓慢的上岗流程。但是在我们这种公司不是的，一个非常优秀的毕业生或者毕业一两年的人，如果他基础很好，他在一两年很快就能成为公司的骨干。为什么？因为他有最大的锻炼机会。

——2015 年 9 月 5 日中国青年领袖公益演讲

背景分析

一家好的公司不但要能吸纳人才，更重要的是能培养人才。鼓励犯错，容忍犯错，给员工容错的空间，这样才更有利于锻炼人才。

行动指南

70%靠谱就可以上线，不要等完全没问题，鼓励犯错、锻炼人才。

7月18日 奈飞的模型

关于公司的发展和人才挑战，奈飞有一个著名的 Culture & Values 的PPT中有一个分析，我结合我的观点做一个介绍。早期公司的业务应该都不复杂，因为最早公司只做产品、技术，不做市场、PR、媒体合作等，业务很简单；但是公司成长之后业务就越来越复杂，因此要招很多人，人才队伍就稀释了。这时混乱开始出现，怎么办呢？很多人提议，我们定好流程，写规则，出制度。这是常规的解决思路。重流程之后，在公司做一件事就变慢了——很多大公司都是这样，公司会因为没有创新精神而被淘汰。怎么办？

用一幅图来回答这个问题，竖轴是业务复杂度，代表你公司的业务的多样性，公司业务之间需要配合的程度；横轴右边这条是人才的密度，高绩效人才的密度；横轴左边是规则流程。

公司成长增加公司的复杂度→稀释了人才密度→混乱出现
→流程出现用来遏制混乱→重流程导致追求短期进而驱散人才
→失去创新精神被淘汰

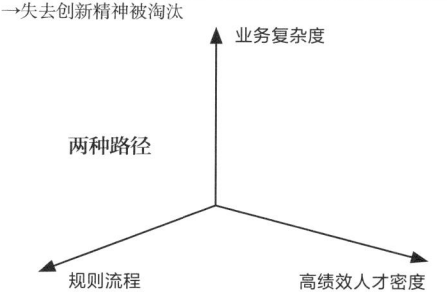

```
                    ↑ 业务复杂度
                    |
                    |
       两种路径      |
                    |
                    |
         ←──────────┼──────────→
          规则流程         高绩效人才密度
```

会出现四种结果：

（1）公司不要变复杂，保持小且精干的团队。但这样并没有什么用。一个平台型或者一个大型公司，肯定是要尽可能吸收生产要素，变成一个很强大的系统。只有吞吐量大的系统才是好系统，才能创造很大的价值。所以保持复杂度低、团队规模小不是想做大事业的公司的解决办法。

（2）公司复杂度提高，把规则也提高，把流程也增加，通过流程增加以防止出乱子、出问题。这能解决眼前的问题，但其实有很大损失，因为从制定规则的部门角度来讲，为了少出问题，肯定让流程和规则越细越好，但这会导致弱化很多最优解的可能。因为我们面对的情况可能是弹性的、灵活的。如果有很多限制，员工就会不想去找最优解。尤其当行业出现重大变化，公司不能靠惯性前进的时候，累积的规则流程制度是特别大的问题。

（3）连流程也没有，就会变得很乱。有流程的公司往往不会说乱，只会说它很慢、很僵化。

（4）提高人才的密度，增加有大局观、有很好的价值观和能力很全面的人才。基本上我认为高绩效人才密度和业务复杂度是相互平衡的，如果招的人才理解力极差，那么公司的制度就得定得非常详细。但是如果面对一群高素质的人才，就可以让规则定得很简单，简单成少数原则。大家照着原则而不是手把手的规则来配合，甚至只要知道"目标"结合常识就可以行动。

一般最容易增加的是规则。在行业相对稳定、模式不变的情况下，增加规则是可以的，因为规则固化了同事之间的配合方式。但是如果是在一个动态变化的行业，规则就会产生问题，制约的是灵活性。所以很多公司后来为什么出问题，是因为公司业务成长起来之后，制定好规则，公司就靠惯性往前进了，但是如果遇到行业突然变化，需要内部做很大的调整的时候，这就成为束缚。

我们认为今日头条所处的行业属于创新型行业，尤其在这几年会面临不断的挑战、变化，所以我们觉得应该减少规则，保持组织的灵活性，适应业务的发展。公司成长，业务增加，核心的关键是让优秀人才的密度超过业务复杂度的增加。我们公司把这个总结为"和优秀的人做有挑战的事"。有挑战的事其实就是复杂度不断增加的事，需要和优秀的人一起做。

——2016年源码资本年会演讲

背景分析

张一鸣总是喜欢用逻辑解决问题。这段话中提到的PPT就是著名的《Netflix文化手册》PPT，这份PPT甚至被脸书的首席运营官称为"硅谷最重要的文件"，手册的作者是曾经参与创建奈飞高管团队的首席人才官麦考德。手册中的许多观点对互联网公司来说都非常切实可行，比如"只招成年人""绝对坦诚，才能获得真正高效的反馈""只有事实才能捍卫观点"等。

许多互联网创业者从中获得经验，而张一鸣从这个PPT中看到了人才密度的重要性。

行动指南

提高人才密度，保持团队的灵活性与战斗力。

7月19日 灰度是有规律的

灰度不是模糊，而是有渐变和过渡。灰度是有规律、有方向的。我对很多事情、很多人的处理都是在考虑清楚之后再重新度量程度。

经常有其他公司的跟我抱怨，某人不太适合，但老板因为考虑到这个人的感受，于是调到××部门挂着。但让上百人汇报给一个不合适的人，是对这上百人巨大的不公平。在这件事情上，清晰的是——岗位要按能力匹配的原则来分配，而灰度是——不能直接辞退，考虑情理，比如待遇上的优厚。

——2016年12月14日张一鸣接受《财经》采访

背景分析

张一鸣在人员的运用上，向来是杀伐决断毫不犹豫，其中比较典型的案例是在2019年公布的今日头条架构中，直接向张一鸣汇报的14人中并没有梁汝波的名字。作为张一鸣大学时期的同窗好友、创业时期的战友，梁汝波甚至在今日头条担任了多个子公司的法人，无论是资历还是关系，梁汝波在今日头条都没有可以匹敌的人。但是张一鸣显然没有受到这些事情的牵绊。

行动指南

灰度管理具体问题具体对待，有些人不太合适，可以给待遇，但是不要给重要岗位，否则是对更多人的不负责。

7月20日 廉洁失效是系统性问题

我不能容忍对系统的长期损害。

我定义过三层廉洁失效给公司造成的损害：第一层是直接利益损失；第二层是这些决策带来的不良后果；第三层是廉洁风气变坏后，团队向心力的丧失。而第三层是我绝对不能容忍的。

——2016年12月14日张一鸣接受《财经》采访

背景分析

社会普遍认为，一般腐败都是发生在政府机构或者颇具规模的传统企业，互联网公司因为人才素质较高以及管理扁平所以很少出现。事实上，当互联网公司越做越大，很多人手中集中了大量资源，如果没有有效的管理手段去进行制约，腐败行为难免滋生。

张一鸣这次谈话的契机是当时今日头条人员飞速扩张，商业化加速发展，产品从流量型工具转向社区，他已经在防范腐败对公司文化的侵蚀。

两年后，中国互联网圈掀起了反贪风暴，包括京东、美团、百度、阿里在内的各大互联网公司都爆出了腐败事件。

行动指南

廉洁是企业风气之本，决不妥协，决不容忍破坏廉洁的人。

7月21日 狼性的关键是机制

最近一篇文章刷遍朋友圈，关于狼和兔子的故事。我起初看的时候觉得挺有道理的，大家都希望团队是一群狼，非常努力地工作。但是仔细想想问题就来了：兔子是哪里来的，难道这一届同学都是兔子了吗，甚至狼和兔之间会不会互相转化？如果兔子多狼少，你是否能换血？是否能把狼和兔区分出来？所以不是简单地发泄情绪或者提个期望，而是思考背后的问题。公司的人才机制才是最关键的。

——2016年源码资本年会演讲

背景分析

很多公司打着"狼性文化"的幌子实行"服从文化",领导人只是片面地对下施压,希望下属超额完成任务,以为压力就会给员工带去动力,但事实正好相反,极致的压力只能带来极致服从的人。

领导者不能避重就轻,只选择结果,而忽略对人才机制的建设。

行动指南

重视公司人才机制,不要妄信狼性文化。

8月

公司治理

8月1日 公司是产品

对公司我有一些想法：公司也是产品。

我们认为创业同时提供两个产品：一个是为用户提供服务的产品；第二个产品就是公司。公司也是组织产品，公司有组织，有输入输出，公司也有它的机制，CEO就是公司产品的产品经理。

——2015年9月5日中国青年领袖公益演讲

背景分析

张一鸣在与钱颖一对谈中曾经提到，互联网技术不是绝密的，也不是垄断的，字节跳动最核心的竞争力不是技术而是团队和文化。

张一鸣将公司整体看做产品，打磨完善公司这个产品的方式是不断建设团队和塑造企业文化，表现在组织方面是少汇报、少层级、多共享；表现在管理方面是减少规则、减少流程、提高效率；表现在方法论方面是定高目标、快速迭代；表现在人才战略方面是用核心高管担任 HR 负责人，然后寻找最聪明的人。

字节跳动后来推出的内部沟通软件飞书，就体现了张一鸣将公司产品化的管理思想。

行动指南

公司也是产品，用管理产品的方式管理企业。

8月2日 大公司问题

早期公司的业务应该都不复杂，因为公司最早只做产品、技术，不做市场、PR、媒体合作等，所以业务很简单，但是公司成长之后业务就越来越复杂，因此要招很多人，人才队伍就稀释了。这时混乱就开始出现，怎么办呢？

比较常见的是，提高公司的复杂度，增加流程和规则，通过流程的增加防止出乱子、出问题。这是常规的解决思路，这能解决眼前的问题，但长此以往其实会产生很大的损失。重流程之后，在公司做一件事就变慢了——很多大公司都是这样，公司会因为没有创新精神而被淘汰。

因为从制定规则的部门的角度来讲，为了少出问题，肯定是流程和规则越细越好，但这会弱化很多最优解的可能。因为我们面对的情况可能是弹性、灵活的，如果有很多限制，员工就会不想去找最优解。尤其当行业出现重大变化，而公司不能靠惯性前进的时候，累积的规则及流程制度是特别大的阻碍。

那是不是不需要流程了？这种情况更糟糕。有流程的公司往往不会乱，只是会变得很慢、很僵化，而没有流程规则的公司则会变得很乱。

——2016 年源码资本年会演讲

背景分析

所谓大公司病，往往不是业务和人员本身的问题，而是公司在发展过程中，随着规模的不断壮大，面临的不确定性越来越多，组织本身所产生的问题，具体表现就是：机构臃肿、会议频繁、管理团队庞大、员工效率不高。

究其根本，并不是员工的无能，而是管理者的管理能力，并没有随着团队壮大得到提升。

互联网进入中国已经二十多年，张一鸣所提出的问题，在很多老牌互联网公司已经普遍显现，在众多传统企业更是普遍现象，流程冗杂和公司混乱似乎是一种常态。

为了解决这个问题，张一鸣甚至曾经提出公司管理单位要限制规则数量的要求。

行动指南

在公司成长壮大过程中，要小心公司累积的规则以及流程制度变成发展的阻碍。

8月3日 Context, not Control

为什么我们倾向于"Context, not Control"呢？在我们看来，Control 往往会带来一些危险。人类在判断自己的理性控制能力时会有一种幻觉，对于聪明理性的人更是如此，常抱有理性的自负。CEO 们往往有过成功的经验，尤其在公司早期成功过，且 CEO 没有上级，很少被人 challenge（挑战），容易觉得自己英明神武。

但是大家忽视了一点，行业是不断发展的，你所具有的知识虽然丰富，但在行业不断变化中依旧是有限的。

有时候，CEO 们会误以为，自己提出的方法论特别好，模型特别优雅，希望把它执行，或者在全公司大范围内推行，但忽略了抽象知识和具体形式之间有差距。理性往往只适合做知识抽象，对具体问题的解决不一定真的有帮助。当然我们并不是要否定理性的作用，只是要避免过度放大理性的自负会带来的危险。自上而下的宏大战略往往都是灾难，业界也发生过不少真实的例子。

——2017年源码资本年会张一鸣演讲

背景分析

张一鸣所提议的"Context, not Control"，换一种说法就是"造势，而不要控制"，或者"给方向，而不要给要求"。张一鸣的这段认知与习惯把控全局的传统企业家完全相反。

传统的领导者往往喜欢提倡事必躬亲，大人物喜欢标榜自己在细节上做出了哪些要求，公司管理层也喜欢标榜细节决定成败，这样的结果就是一切权力来自核心，公司的一切动作也来于公司一把手的指示。

张一鸣深刻认知到自己在事件具体执行程度上的不足，所以选择把具体执行决策的权力充分下放，然后制定要求，给出方向，营造出良好的工作环境，以此促进事项往好的方向发展。

行动指南

控制是危险的，不要抱有理性的自负。

8月4日 内部透明

我们还有一个理念是保持简单跟灵活。内部尽可能透明，内部透明有利于创新。员工知道上下文，也能判断哪些事情可以做，可以问谁。我觉得最重要的是——坦诚沟通。保持信息在内部尽可能透明才能保持创新的环境。现在有匿名社交的产品，像"秘密""脉脉"，我们不鼓励在"秘密"上说，我们希望在公司坦诚沟通，哪怕说得不合适也没有关系，这是我们保持的要求。

——2015年9月5日中国青年领袖公益演讲

背景分析

2020年的12月某天早晨，张一鸣在内部交流群中表示，自己之前试玩《原神》入群，结果入群后发现很多员工每天上班时间仍然一直在网上聊天，他觉得这件事非常影响工作，然后问这些部门的人工作是很闲吗？然后遭到了员工的回怼，表示可以具体测算下聊天会不会对工作效率产生影响。

这件事被媒体爆出来之后，各家纷纷评论，这种事只能发生在字节跳动这种公司。

字节跳动在打造平等坦诚文化上确实优秀，虽然包括BAT在内的老牌互联网公司都口口声声自称自己有坦诚的文化，但是，在具体执行上往往流于形式。

行动指南

内部透明，坦诚沟通，说到做到。

8月5日 自己做 OKR 系统

我们有将近100个内部工具开发团队，做各种工具尝试。比如我们自己开发了OKR系统，并且和内部使用的IM（Instant Messaging，即时通信）打通，方便大家互相查看。这些基础工具，第一可以让人更轻松；第二可以规模化。新人加入公司，很快能适应OKR系统，很快可以看到内部的资料，从内部获取信息。他也能意识到，他不仅仅有获得信息的权利，也有支持相关工作的责任。这样的实践，在我们看来，是把公司当成产品来建设，让公司内部的context更有效，让这个系统分布式处理能力更强。

——2017年源码资本年会演讲

> ### 背景分析

张一鸣从公司创立早期就非常重视公司 OKR 制度的推广，原因是他认为，随着团队规模的不断壮大，创造和思考更需要被数字化管理，以此将团队个人目标统一到公司的大目标之下。

OKR 制度可以很好地分拆公司的战略，让每个团队都能看到自己的前进目标，让每个人都能看到自己的工作目标。

字节跳动从 2013 年公司创立不久就开始推进 OKR 管理，并且在有余力之后，自己做了 OKR 系统，极大提高了公司的执行效率，形成了良好的复利效果。

> ### 行动指南

重视对基础沟通工具的利用，让新人更快了解公司。

8月6日 管理层的 OKR 对下属员工保持公开

我们让管理层的 OKR 对下属员工保持公开，让大家知道你在做什么，为什么在做这个事情，其他部门的人在做什么。

OKR 的制定过程也不是自上而下地分解，而是大家互相之间了解，自己对齐。看一下上级的 OKR，看一下别的部门的 OKR，看一下同级的 OKR，了解目前公司最重要的任务是什么，这个季度最重要的任务是什么，我做什么能够帮助他们。季度会也是尽量让相关人多参与，并不是一个非常小范围的高管会。我们还会经常举办 CEO 面对面，在这个会上回答员工提问，让大家了解公司进展。

——2017 年源码资本年会演讲

背景分析

员工不知道领导在做什么，不知道老板在做什么，甚至不知道公司在做什么，这是很多大企业的通病。

张一鸣要求所有人都公布OKR，这也是其"context"的一部分，可以更快加强公司信息流通，让每个人都知道自己所处的位置，以及所要配合的内容。

《领导梯队：全面打造领导力驱动型公司》一书曾经提到，让同事们互相学习，增强合作，让他们彼此交流工作思路和感受，这也是一种培养人才梯队的方式。

张一鸣要求管理层公开OKR，让领导层的行踪和动机不再神秘，卓有成效地提高了员工的工作效率。

行动指南

对下属公开自己的OKR，让员工互相之间了解对方在做什么。

8月7日 坦诚强于技巧

当感到沟通困难的时候，最好的沟通方法不是想太多技巧和说法，而是：更坦诚地沟通。

——2012年3月张一鸣微博

背景分析

第二次世界大战结束后，戴维·利连撒尔被任命接管原子能委员会，他必须管理一群非常有影响力的社会知名人物，很多人都是已经成名的科学家，媒体也做了大量的报道，这是一项非常艰难的管理工作。

在所有人都急不可耐地要进入工作的时候，戴维并没有这么做，而是花费了长达数周的时间，让他们坦诚沟通交流，建立彼此之间的信任。这被当时的媒体认为是浪费时间，但是从长远效果来看，戴维·利连撒尔建立了非常好的组织文化，不但提高了效率，而且极大保持了团队稳定。

张一鸣最爱的书之一《高效能人士的七个习惯》一书中曾经写道，坦诚交流的效果令人难以置信，虽然坦诚与风险相伴，但是非常值得，因为你的收获和进步是不可思议的。

行动指南

遇到困难，少点套路，多点坦诚。

EC值

原生成长能力最重要。

很多人用"独角兽"来形容优秀创业公司，其实还有一个概念也很重要，叫EC值。EC值等于企业价值（Enterprise Value）/总融资额，企业价值约等于估值—现金。EC值可以作为衡量企业内在成长能力的指标，历史上谷歌、脸书、Instagram、Whatsapp、腾讯都是EC值巨高的企业。假如EC值过低，即融资额很高，就有种被资本催肥的感觉。有创始人看到钱趴在账上才安心，当然也有创始人再用这些钱去投资很多企业才安心，这些都没错。

不过总而言之，企业的原生成长能力，是衡量团队的创造力、效率或者业务模式的重要参考系。而在发展过程中，保持相对高EC值的公司，往往有更好的原生增长能力。所谓原生增长，是说公司通过现有资产、团队，而非依赖外力（外部资金和资源），实现的销售收入和利润的持续增长。

——2013年张一鸣文章

背景分析

张一鸣对于资本的作用始终保持着警惕之心，早期需要资金的时候可以把嗓子都说哑，后期不需要资金了就果断拒绝各种邀约，以至于字节跳动成长起来以后，包括百度、腾讯、阿里在内的各大巨头都说自己错过了字节跳动。

字节跳动的早期投资人王琼在电视节目上曾经说过一个细节，在公司成立起来之后，尽管王琼所代表的海纳亚洲仍然想要投入更多的资金，但是今日头条的造血能力太好了，以至于他们想给钱也给不出来。

保持高 EC，保持对资本的警惕之心，这也让张一鸣始终在股权上保持主动权。

行动指南

重视企业原生成长能力，不要被资本催肥作用蒙蔽眼睛。

08月9日 减少模糊

你每给别人一个不坚决的回复，就给人带来一个期望，给你带来一份烦心。

——2012 年 2 月张一鸣微博

背景分析

不论是在普通企业，还是在巨头公司，团队成员之间说话模棱两可，各种汇报传递的文件看似说了很多内容，但是没有一点实质性的东西，以至于现在有很多梗嘲笑这种现象，比如"听君一席话，如听一席话"。

张一鸣的这段话就是揭露了这种现象，他希望创业者要敢于担当，说话坚定，敢于亮明观点，也不逃避责任。

行动指南

回复要坚决，不要犹豫不决。

8月10日

没有免费的午餐。创业公司要出人头地，就要有非常高的自我要求。告别"差不多""还行""先这样吧"，告别工作掉链子、拖拉、80分。

很多创业公司还不如大公司要求高，沉浸在"创业"的状态，或者是只沉浸在工作时间长的"伪创业"状态。

——2010年8月张一鸣微博

背景分析

2010年前后，大量的创业者融入互联网行业，在这之后的数年间，形成了"大众创业、万众创新"的场面，但是其中有大量的创业者只是追逐风口，并没有做好充分的创业准备。

张一鸣这段话一针见血地指出了很多"伪创业"的现象，在这些公司里人浮于事，创业者打着努力的幌子，不断自我感动，但是并没有做出什么的优秀产品。

2010年时期的张一鸣正在做九九房，这虽然是他第三次参与创业，却是第一次担任一把手的角色，这段话也是他对自己的警醒。

行动指南

拒绝伪创业，提高自我要求。

8月11日 开会是低能工具

开会的价值越来越低了。

如果做个调查,可能会发现一个公司的员工打开工作邮箱的频率跟这个公司的业绩有着某种正向关联。邮件被阅读得越及时,这个公司的业绩往往越好。因为信息在公司内部被高效流动和分享,做出决策的时间在缩短,公司运营的效率在提升。

现在很多公司内部都有不少信息共享工具,比如即时通信工具、邮箱和公司内部信息传达系统等,但这些工具还不够智能。很多公司仍把开会当作最主要的信息流动工具,其实开会的价值越来越低了。

——2015年7月29日张一鸣接受《南方周末》采访

背景分析

减少开会,其实是对企业效能的追求,张一鸣会关注公司很多日常细节,常见的单据报销流程、离职入职流程,在他那里就觉得不可容忍。员工的精力有限,如果经常被这种琐事消耗,那对于人数众多的公司整体是巨大损失。为此,他提出了多种自动化的方式来优化流程,甚至让本来管技术的谢欣专管内部流程优化。

行动指南

善用信息流动工具,减少会议。

8月12日 信息流动效率

信息流动的效率是否足够高，对我们这种人才高度密集的知识型企业非常重要。

当然，像老干妈这样的传统企业，不需要知道外界太多信息，也不需要跟外界交换太多信息，因为制作方法可以做到百年不变，或者基本不变。除非发生外部变化，比如自来水受到了污染，否则它可以跟外部信息绝缘。

但当知识型经济成为商业的主流形态，一个公司跟行业和同行交换信息就变得不可避免，甚至极度依赖了。可以说，信息已经成为整个社会、经济和企业重要的生产要素之一。

信息的流动效率正在从本质上影响着生产和资源配置。你的信息接收能力决定了你的生产和产出。以前强调的是大干快上，用力就行，现在不行了，如果你信息接收能力弱，你加班也没法比别人生产更多东西。

——2015 年 7 月 29 日张一鸣接受《南方周末》采访

背景分析

如果将公司视为一个有机体，信息的流动对于组织来说类似于中枢神经反应，组织的效率正是取决于此。公司要想保持活力、保持敏感性、在残酷的竞争中不被淘汰，信息流动的效率就显得格外重要。

张一鸣非常看重信息流动效率，他认为对于现代新兴企业来说，信息流动效率起着至关重要的作用。

行动指南

作为新兴产业或者知识型产业，更要重视信息流动效率，信息流动效率是命脉。

8月13日 拥抱不确定

我们也容错，拥抱不确定性，因为我们面对的是未来和创新的环境，你如果什么东西都规定得最好，可能就不会犯错误，但我们不是努力防止犯错误的。比方说我们鼓励新员工在入职第一周进行代码发布上线，很多公司要经过培训，并且经过考核，在老员工的指导下才能把他的代码放到线上去，可能要一个季度过去了。我们是鼓励放上去的，放上去出错也没有关系，我们只需要出错能够快速回稳，比如，出错能快速检查出来，线上有快速的基本的验证工具说他的代码不合格。他放上去了，确实通过检测也出现意外，比如一百次有一次，确实造成了服务器宕机了，但没关系，我们希望一秒钟之内把服务切回来，我们允许出错，只要错误能被快速修复。这样，我们就可以大胆使用年轻人，大胆让他实践和让他实现他的产品想法，就是他有产品想法不是特别有把握不算很靠谱也可以。

——2015年9月5日中国青年领袖公益演讲

背景分析

杰夫·贝佐斯曾经说过，如果不允许犯错，亚马逊的管理者就不能放手一搏。《创新者的基因》一书认为，创新者能够更轻松巧妙地面对犯错，更能够从犯错中吸取经验。

在公司成长过程中，面对不确定的情况，比面对确定的情况要多出一百倍，这时候就更加要允许员工犯错。

张一鸣提倡容错与约定不确定性，是站在了动态的角度思考问题，因为只有这样做，才能更放心地使用年轻人，让年轻人快速实践自己的想法，并且快速成长。

行动指南

拥抱不确定性允许犯错,大胆使用年轻人。

8月14日 团队领袖做好两件事

作为一个团队领袖需要做好两件事情:一是看准方向;二是带领团队朝着这个方向去执行。今日头条还有很多需要完善的方方面面,仍有一系列的问题还等着我们去解决。比如怎样更快地甄别用户的兴趣,如何让用户之间更好地交互,如何负载更多的内容。我希望用户更加关心我们的产品,而不是公司的CEO。

——2013年接受《广告主》采访

背景分析

柳传志曾经说过公司最高领导者最重要的是三件事:定战略、搭班子、带队伍。张一鸣提出的第一件事正好与定战略相符,第二件事与带队伍相近,只是更偏向于执行。这一年是今日头条成立的第二年,员工总数只有二十人左右。张一鸣在人事管理上还没有很大的压力,作为创始人他需要将更多的精力放在推进业务上。至于他没有提到的搭班子,并不是他觉得不重要,而是这个在他潜意识里是必须做好的事情。

行动指南

要看准方向,坚定执行。

8月15日 演讲只说干货

我觉得演讲的本质，是把自己懂的东西，清晰地展现给受众，从而完成有效的沟通。我记得第一次公开演讲时还有点紧张，后来讲过几次，就好很多了。

我侧面打听过对我演讲的评价，比较多的是：都是干货，没有废话。但也有同事建议：一鸣，都是干货也是问题，你得多讲故事、多讲段子，这样观众更愿意听。我就反问他：是让我多说废话吗？对方无奈点头。我心里想：这对我好难啊……

一般来说，我会为演讲准备一个题目，并理出演讲的逻辑，然后再列出要点，这次来成都也是这么做的，这是我第一次来成都做活动：一是因为成都是个非常有魅力的城市，哪怕我不是一个爱吃爱玩的人，也会有来的欲望；二是我知道《成都商报》在本地的美誉和影响力。

——2015年4月23日《成都商报》采访

背景分析

如果看多了张一鸣的演讲文稿或者公开信文稿，就会发现张一鸣非常在意演讲的上下文衔接。他的讲话往往围绕一个主题展开，用词严谨，几乎没有废话，每个字都在为表达观点服务。张一鸣的演讲不是娱乐性的，而是学习分享性的，这是他和很多明星企业家的不同之处。

行动指南

做演讲，要把自己懂的东西展示给大家。

8月16日 不忽悠，不过度承诺

他们跟我说一定要做一个演讲，我在想我说些什么。我想得比较久，投资人王琼说我不忽悠，其实也不是不忽悠，而是怕过度承诺，我一般跟投资人或者候选人说的时候，会打一个折，这样就不忽悠了。或者不把特别厉害的东西说出来，为什么不说出来？就怕他们说我是骗子。后来我想了想，今年有必要说出来了。因为达到远期的目标首先不是我一个人的事情，是大家要共同努力的，既然要大家共同努力，达到的事情就应该说出来，这其实也减轻了我的压力。

我想了很多主题，想说很多事情，有一个重点，这个重点就是2016年我们必须决战国内第一。

——2016年3月今日头条年会演讲

背景分析

字节跳动第一位非创始人高管曾强说过，现在这个阶段，大家都说张一鸣有领导风格，那是因为张一鸣已经成功，而且领导着现在这么庞大的一个公司。早期的张一鸣完全是朋友式的，是非常真诚的人，从来不用领袖式魅力驱动，而是采用规则式驱动。张一鸣最大的特点就是从来不许诺太多，也不夸大，定目标的时候都非常确切，而且总是能够带领大家实现目标，这样久而久之，大家就非常信任他，他的领导力就建立起来了。

行动指南

减少过度承诺。

8月17日 先做出来

如果你偶然发现青霉素能消炎，你是先考虑用它去救人，还是先想到赚钱呢？应该都是先想到救人。我们也是一样，到了这个时代，有个性化的方式来推荐信息，我就想把它做出来。

——2015年10月张一鸣《中国青年报》采访

背景分析

《创新者的基因》中曾提到，以发现为动力的领导人需要以实现为动力的人辅佐执行。对于一个创新型团队来说，不能光有擅长发现的人，也必须有快速执行的能力。

张一鸣显然身兼两任，他既是极致的发现者，又是优秀的执行者。在他看来，只要发现了未来，先做出来比思考怎样赚钱更重要。

行动指南

看到有用的东西，先做出来再想赚钱。

8月18日 再爱技术，也要转换成管理当职业

在以前，我更喜欢做技术，技术是我的爱好。但管理也变成一种广义的技术，尤其是随着公司的快速扩张，对管理的需求越来越强，我自己体验和经历的事情也越来越多，对产品和管理的兴趣上升得也更快，而且管理现在是我的职业。

我注意到你用了"程序猿"这个词，我理解的程序员哪怕是"程序猿"，他的使命

都是解决问题，我愿意做这样的事情。程序员还有一个词叫"码农"，挺调侃的。

——2015年4月23日《成都商报》采访

背景分析

很多技术出身的创业者喜欢标榜自身技术高超，事必躬亲，这就导致公司效率低下，公司老板在为所有员工打工，而不是带着员工向前冲。

早期的张一鸣会自己编程，自己写推荐引擎，但是后期张一鸣已经完全转换了角色定位，不停地研究管理技术，想要不断提高管理效率。

行动指南

技术出身的CEO更应当把管理当成职业。

8月19日 年会要对外交流

我跟行政人事的同事说，如果一定要搞年会，第一，不要请苍井空，因为这种年会风格和公司气质不合，也很花钱，还可能让部分女同事觉得不被尊重。第二，不能恶搞我。第三，希望能够邀请我们的客户、我们的创作者或者我们的用户，能够让我们跟外部有交流。很多大公司的年会开得自己嗨了，我们希望让外部看到我们的工作成果，不管是提交了多少代码，还是服务了多少客户。

——2016年3月今日头条年会演讲

背景分析

字节跳动早期没有办过年会，最早做周年庆祝是叫了海底捞上门，当时张一鸣还带着创业团队成员在锦秋家园公寓工作，订的锅太多，以至于电闸跳了。后来公司营收越来越好，张一鸣选择带着大家去冲绳旅游，并且在旅行中的居酒屋里和众人讨论视频计划，甚至可以说后来的抖音也跟这次年会有关系。

再后来，字节跳动越来越大，公司的行政机构觉得很有必要通过年会来凝聚士气，改善工作氛围，于是才跟张一鸣提出了年会计划。张一鸣认为年会应该跟外部交流，而不是自嗨。

行动指南

公司年会不要光自己嗨，要让外部看到公司的工作成果。

8月20日 Stay hungry, Stay young

我作为面试官，过去十年里，可能面试过小2000个年轻人。有的和我在一家公司，有的去了别家公司，他们发展差别其实非常大。从算法层面上讲，我们把这叫作"正例"和"负例"。我想分享一下：为什么"正例"和"负例"发展差别这么大？

什么是"Stay hungry, Stay young"？"Stay hungry"，大家都知道，就是好奇心、求知若渴、上进心。但为什么要说"Stay young"？

我觉得年轻人有很多优点：做事不设条条框框，没有太多自我要维护，经常能打破常规，非常努力，不妥协，不圆滑世故。

十年过去了，有的年轻人，依然保持着这些很好的特质。我觉得这就算"Stay young"。

"Stay young"的人基本没有到天花板，一直保持着自我的成长。相反，很多人毕业后提高了技能，但到一个天花板后，就不再成长了。

——2016年今日头条 Bootcamp 演讲

背景分析

张一鸣提倡的保持年轻和很多公司提倡员工要成熟稳重正好相反,这也是今日头条始终能够做出抓住年轻人的产品的原因。公司整体文化上保持年轻,不仅能够吸引更多优秀的年轻人加入,也是对公司中高层的激励,让大家始终保持成长的状态。

行动指南

学习年轻人,做事不设条条框框,没有太多自我要维护,这样才能保持自我成长。

8月21日 空间有形,梦想无限

过去这些年,我们一直在讨论国际化。去年,我们说要加快国际化的进程。有个同事很积极,有一天跟我说下周要去印度调研。过了几天,我问他你在哪个城市,德里还是班加罗尔,他说还在知春路……他在印度过海关的时候被拦住了。我说为什么?他说他拿的证件不行。我说你拿的什么证件?他说APEC证。他拿着一张环太平洋组织的证件,去了印度洋的国家。他说,上面写着印度啊。我找了好久,看到一个缩写IDN,这是印尼好吗。

当然,这并不能阻碍他去印度的热情,隔了一个星期,他还是踏上了印度的土地。他还在抖音里发了小视频,坐在"突突车"上,长途跋涉了两次总算入关了,感觉还挺欢快的。这位同事在印度做了很多行业的分析和调研,还招了很多的候选人,我也不知道他是怎么做到的,毕竟他英语也不是很好。于是我就想到了唐僧西天取经。这位同事是谁,我就不说了,大家就当他是唐僧吧,反正取到了真经。

我是想说,很多时候,尽管条件是有限的,不管是办公空间小,还是语言不通,但梦想依旧可以很广阔,可以追求创造非常大的事情。我曾经在一个工地上看过这句话,"空间有形,梦想无限",我觉得特别契合。

——2019年字节跳动七周年演讲

> **背景分析**

"空间有形,梦想无限",这八个字本来是张一鸣在建筑工地上看到的标语,后来被他用来形容一种非常理想主义的创业状态。

在字节跳动创业早期,张一鸣就已经想到了将来国际化方面的问题,甚至连英文名ByteDance都已经想好了,之所以对公司出海如此有信心,是因为觉得移动互联网带来的机会到处都在。在他看来,有想象力就是浪漫,有同理心就是务实。

张一鸣在演讲中不满足于"机器人""理性思维"这种标签,而是给自己提出了一个"务实浪漫"的说法。

> **行动指南**

空间有形,梦想无限,有同理心,更要有想象力。

9月 技术创新

9月1日 同理心是地基

同理心是地基，想象力是天空，中间是逻辑和工具。AB 测试只是一个工具而已，是测不出用户需求的，同理心才是重要的基础。

如果没有同理心，做出的产品肯定没有灵魂，不能满足用户需求。但是光有同理心还不够，这样只能做出有用的产品。想要做出彩的产品，想象力非常重要。

在今日头条还非常简陋、信息非常少的时候，我们就想象着今日头条的 feed 连着一根智能的天线，天线连着无边的信息海洋，每一刷，就会从海洋取回此时此刻此地你最感兴趣的信息。所以我们努力涵盖各种各样有用的信息，从新闻到图片，从三农到学术。

抖音也是如此，想象全屏的视频让手机变成一扇窗户，你透过这个窗户看到一个丰富的世界，抖音是这个五彩斑斓世界的投影，感觉非常奇妙。

如果没有想象力，你可能只会做出一款对口型的热门应用或者搞笑视频软件，抖音也不可能从一款炫酷的音乐舞蹈小众软件，演化成包容美丽风光、戏曲艺术、感人故事、生活消费的大众平台。

——2019年字节跳动七周年演讲

背景分析

在抖音之前，短视频赛道曾经也起过一波浪潮，当时美拍、秒拍、小咖秀都表现优异，这就导致后来的短视频创业者总是想当然地模仿前者的产品模式，而没有站在用户的角度思考用户习惯发生了哪些变化，以至于在复盘失败的时候总是将原因归纳为今日头条是 APP 工厂等标签答案上去。标签可以帮人快速认识世界，但是也会让人片面理解事物本身。

在人们给今日头条贴上"AB 测试公司"标签的时候，往往忽视了他们本身所蕴藏的同理心和想象力。《史蒂夫·乔布斯传》曾有过类似的表述："苹果公司本身，乔布斯认为这是他最伟大的创作。在这里，想象力被培育、应用和执行的方式极具创造力，这使苹果成为全球最有价值的公司。"

对于一家想要靠技术创新取胜的公司来说，同理心才是基础。

行动指南

不要沉溺于盲目的技术竞赛，技术创新者要时刻保持同理心与想象力。

9月2日 提具体的技术目标

我们不是像网易那样做"有态度"的新闻客户端，而是要做"没有态度"的新闻客户端，为每个人提供自己感兴趣的新闻。我们一直在努力优化算法，当用户的兴趣发生变化时，如何能更迅速地捕捉到，并且做出回应。我希望能够消除很多人"早知道今日头条就好了"这种感叹，把这句话变成"好在今日头条上告诉我了"，这个其实还是有很大的挑战。

——2015年4月29日《好奇心日报》采访张一鸣

背景分析

今日头条此时刚刚从2014年的版权风波中走出来，张一鸣强调的"没有态度"，其原因在于今日头条产品的原理是机器推荐，而不是真正的内容生产创作。"好在今日头条上告诉我了"这个目标看似简单，实则已经有了预言的性质，根据一个人的行为习惯，推测他可能需要的信息，何其之难。

张一鸣这段话背后的意思，其实是坚持算法的大革新，从而实现推荐更加精准。也正是2015年前后，后来创建第四范式的陈雨强进入头条，大大推进了头条推荐引擎的优化。

行动指南

不人云亦云，提出明确的、具体的、独特的技术目标。

9月3日 满足基本需求

看一个产品是不是好的产品，最重要的是看产品能否满足用户的基本需求，如果这个需求是用户的基本需求，即使你的界面、交互略有一些缺陷，只要你在满足基本需求方面做得好，用户就会频繁使用。我曾经对比过各个手机下载的Message应用，我发现国外有的产品做得其实挺差，但它的活跃度却非常高，因为它在单体市场里是最大的，而这又是一个非常基础的需求。所以，它的使用频率非常高，几乎都不比微信差。现在有不少产品的设计让人眼前一亮，交互也非常有特色，也很新奇，但如果它不能满足用户的一个长期基本需求，还是会很难维持下去。

——2014年张一鸣参加《超级脱口》采访实录

背景分析

张一鸣提的这一点非常值得创业者警惕，很多产品人出身的创业者一味追求产品的精巧，却忽视了对用户基本需求的把握，这样再好的产品也只能自娱自乐，而不能得到用户的认可。

行动指南

创新要能满足用户的基本需求，这样才会有持久的生命力。

9月4日 做探索者

从成立那天起，今日头条一直是智能推荐最早的、最积极的探索者，将"做最懂你的信息平台，连接人与信息"作为我们的使命。创作者发布内容，通过算法匹配，推荐给对这些内容感兴趣的粉丝，两方通过推荐引擎，建立起联系。天长日久，我们对创作者和粉丝的信息匹配越来越精准，促进他们彼此之间建立连接。通过一次又一次阅读、分享、评论和收藏，算法积累了越来越多的作者与粉丝的互动数据，进一步潜移默化地影响了整个推荐系统的运行，实现更精准的推荐。

下一步，我们将从智能分发时代走向智能分发和粉丝分发相结合的"智能社交"时代。我们相信这也是社交媒体的2.0时代，通过智能推荐更有效率地获取粉丝。

——2017年11月22日第三届今日头条创作者大会演讲

背景分析

在技术应用上做出更多的探索，有助于最大限度地拓展业务边界。

在这次创作者大会上，张一鸣推出了"千人百万粉"计划：未来一年内，在今日头条平台上扶持 1000 个拥有 100 万粉丝的账号。按照他的说法，今日头条的粉丝红利期才刚刚开始，基于人工智能技术，今日头条可以为更多创作者更快更好地获取、沉淀粉丝。

这就是张一鸣之前在内部提出，要搭建全球第一的创作者社区的具体实施，可以说是将智能推荐的潜力发挥到了极致。

行动指南

做探索者，将技术应用发挥到极致。

9月5日 红海中找蓝海

看似一片红海的行业，我却觉得是一片蓝海。在上线不到一年时间内，我们就有了一百多万日活用户，截至目前已累计 2.4 亿用户，每天日活用户超过两千万，每天阅读时长仅 APP 端就超过八亿分钟。

还有一个数据是社交分享量，大家在朋友圈会发现很多分享自"今日头条"的内容。据统计，"今日头条"在微博上的分享量是第一名，并且是第二名到第十名的总和，微信上亦如是，所以我们是社交网站上分享最活跃的应用。

——2015 年 9 月 5 日中国青年领袖公益演讲

背景分析

《创新者的解答》中有这样一个观点，如果能够致力于在"更好地完成用户任务"方面提升产品性能，就相当于从产品市场之外的竞争对手手中抢占市场份额，也就是在红海之中又开辟一片蓝海。张一鸣的这个观点正好与之暗合，一个热爱创新、热爱竞争的企业，当它真正地了解信息、用户、产品，它的成长潜力总是令人振奋的。

> 行动指南

有自己的理念和杀手锏，从红海中寻找蓝海。

9月6日 抛开包袱

我们从来没有研究过新闻客户端，所以能抛开包袱，不拘一格地来做这个产品。对于用户怎样获取信息的问题进行深入理解，而不用受困于新闻媒体自身的诸多缺陷。

我们的思路和理念与传统的新闻媒体不一样，能将搜索与推荐的技术优势最大化地嫁接在新闻客户端上，为每一个用户推荐切身相关的资讯。从更大意义上来说，它已经不再是一个新闻客户端，而是一个连接用户到信息的入口。

——2013年接受《广告主》杂志采访

> 背景分析

自我设限一直是互联网老人的通病。PC时期的互联网人往往到了移动互联网时代，仍然难以克制重复旧的产品思维与习惯。

直到这两年，一些极为资深的新闻客户端负责人仍然对今日头条推荐模式坚持异见，在他们看来，今日头条的信息茧房仍然是致命伤。

不得不说，互联网进入中国这么多年确实已经有了代差，中老年互联网人受到曾经的成功经验的影响，已经与新一代互联网人在思维层面非常不一样。

张一鸣不但在这里指出了问题，而且在后来操盘抖音的时候大胆起用年轻人，让抖音大大超越了之前的产品模式。

> 行动指南

抛开包袱，不拘一格，用新的思想做产品。

9月7日 算法是变革中的关键

我经常遇到一个问题，机器真的能理解这么准吗？纯算法真的能战胜人吗？算法不能战胜人，但是算法是基于人之上的，可以战胜人。因为所谓算法是站在大量用户行为的基础上，知道一个在北京的媒体人最近喜欢看什么，就会猜测出另外一个在北京的媒体人这时候喜欢干什么，站在人的基础上，可以写出十条最热门的内容，或者每个频道写出十条最好的内容，但是没法显出更小众的频道，不通过算法是没法大规模给人筛选信息的。这是我理解在这次变革中，技术起到的最关键作用的部分。

——2013年12月张一鸣在钛媒体Ti创新者大会演讲

背景分析

凤巢创始人张栋曾经提出过一个4321模型，公式大抵如此：UI（User Interface）/UE（User Experience用户体验）占40% > 数据占30% > 知识占20% > 算法10%。他认为算法只占10%，但却是各家拉开差距的关键。他还有过一个形象的比方："推荐引擎大战就好比奥运会百米赛跑，前面90%大家都能跑，剩下10%决定胜负。"

张一鸣这里强调算法是关键，也是那个时期的前沿共识。

行动指南

抓住技术变革中最关键的部分，才能在创新中占据优势。

9月8日 在用户驱动中积累技术

今晚见了一个国内少有的技术团队,在一个技术领域耐心做了三年。不过,我自己持保留态度,还是在用户驱动或客户驱动的过程中同步完善和积累技术比较好。

——2010年8月张一鸣微博

背景分析

张一鸣这个感悟看似简单,却是两种方法论抉择的体现。

现在国内流传着很多苏联时期物资匮乏的笑话,其中最经典的莫过于缺少衣服的段子,但其实整个冷战期间,苏联生产的物资并不比西方少。只不过苏联生产的大棉袄是物资,美国生产的花棉袄是消费品,苏联人民缺少的其实是后者。

如果放在技术角度来看,人们需要的到底是物资还是消费品呢?答案显然是后者。大公司可以不以营利为目的,专门拨出资源做科学研究,而创业公司则最好从用户需求入手做技术。

行动指南

既然要面向市场经济,就不能埋头苦干做技术探索,而要从用户出发慢慢积累。

9月9日 关注效率

信息的流动涉及安全、效率和自由等好几个维度。政府比较关注安全;文科生比较关注自由;作为理科生,我最愿意从效率角度看问题,即让需要某个信息的人,快速得到这个信息。效率是比较好量化的。比如效率讲究的是降低信噪比，减少无用信息对你时间的占用。用技术的手段提高信息流动效率，就是降低信噪比的过程，降低信噪比的很重要的内容就是消除有害信息，比如虚假信息，让信息有序有效流动。

——2015年7月29日张一鸣接受《南方周末》采访

背景分析

张一鸣这段话是为了解释产品的社会价值，即降低信噪比，有效提高信息流动效率，让更广泛更下沉的用户也能及时获取自己日常所需的有效信息。

行动指南

关注产品的效率。

9月10日 看到介质变化带来反馈

通过介质我们能看到，原来行业有各个流程，原来报纸时代有选题、有创作、有审核、有排版、有印刷、有发行等，整个环节在每次介质变化的时候都会有很大变化：比如互联网时代创作内容不仅是记者编辑创作，还有维基百科、贴吧、微博等；分发信息也不只按地域了，可以有导航、有搜索、有门户。以前我们知道一份报纸要得到读者的反馈是非常难的，能得到读者的反馈也是一两周之后，通过读者来信非常不及时的。以前朋友跟我说做报纸写头版今日头条，也是很随机的，也不知道哪里错了，也得不到读者的实时反馈。如果他每天能够很及时地问读者，我给你们看的这篇文章放今日头条怎么样，那我相信他可以写出很好的今日头条，所以跟读者互动的形式也是随着介质有很大的变化。

——2015年9月30日龙岩籍互联网新锐高峰论坛主题演讲

> **背景分析**

张一鸣这段话是在向家乡人汇报今日头条取得的成绩，但是在不知不觉中将百度百科、贴吧、微博等产品归纳为上一代介质，而更能够及时给创作者反馈的今日头条是下一代介质。

从这个角度我们可以看出，张一鸣对于产品的理解并不仅仅局限于商业的范畴，而是站在一种传播介质的角度，用更宏观的人类信息传播的角度在理解自己做的技术创新。

> **行动指南**

站在更高的角度做技术创新。

9月11日 看到被忽视的需求

我举个例子，可能全国有五十万人对古筝感兴趣，但是过去是没有这样一个杂志的。为什么呢？因为如果你发行一个古筝的杂志，你很难发行给所有对古筝感兴趣的用户，因为龙岩可能有两千人，分布在不同县市，一个传统媒体要把这么分散的人找到，把杂志分发快递给他们是很难的。

——2015年9月30日龙岩籍互联网新锐高峰论坛主题演讲

> **背景分析**

张一鸣提出的这个问题，也是传统门户新闻网站无法解决的问题。因为在传统门户时代，他们能够处理好头部的、社会的、时政的、国际的内容，但是他们处理不好技术的、时尚的等众多长尾的内容。如果要处理这么多的内容，就需要难以承受的庞大的采编人力资源，每个地方的人的需求也有很大的不同。

但是今日头条不一样，今日头条构建的推荐引擎非常适合长尾内容的分发，即便是同样对美食感兴趣的人也会得到不一样的内容，北方的人对烧烤更感兴趣，南方的人对海鲜更感兴趣，同样是美食，但每个人都能收到不一样的内容。

行动指南

充分利用机器学习，抓住长尾用户，形成自己的独特用户群。

9月12日 媒体变革

1923年，贝尔德才开始研究图像信号的远距离传输。到13年后的1936年，已经有16万人可以通过电视观看到柏林奥运会的比赛实况了。即使如此，当时的人也不会想到，不到80年间电视行业会发展得如此繁荣，做一档《我是歌手》这样的电视节目，四个季度的累计收入可以高达40亿人民币。

大家可以想象一下，在每一次重大技术变革的前夜，人们都会感受到的困惑和不安。而这种困惑和不安有时会让大家忘了，巨大的光明就在前方不远处。

就像印刷技术普及时，制作羊皮纸的工匠会感受到威胁；电视发明时，广播从业者会感受到威胁。所以我觉得，今天的媒体行业，即使真的像大家说的那样，遇到了一些困境的话，也并不是这个时代所独有的困境。

差别只在于，此前新媒介的出现，是对旧媒介的补充，而非替代。但是当互联网、移动互联网出现后，媒体的变革比从前要大得多。不可回避的是，"一纸风行"的日子一去不复返了。

——2016年1月15日今日头条未来媒体峰会

背景分析

经历了 2014 年的版权风波，张一鸣显然实现了自己的升级，在今日头条主办的未来媒体峰会上，张一鸣和一百多位媒体行业的领袖耆老共同分享了"未来媒体是什么"这个话题。

张一鸣通过这个话题向媒体界传递了，今日头条提供了更好的平台，希望能够共赢的信号。

行动指南

抓住新媒介崛起的时机，顺应科技发展大势。

9月13日 引领推荐引擎浪潮

今日头条作为一个成立四年的互联网公司，发展还是挺快的，主要竞争力是什么呢？

今日头条利用人工智能推荐算法提升了信息分发效率。最开始的两年，别人认为我们就是又一个新闻客户端，没有足够的重视。而现在，整个行业都被我们带到了算法智能分发的这条路上。

很多相似产品在上线，传统新闻客户端也陆续改版上线"推荐"频道，浏览器也做起"推荐"，甚至电商类平台都有了自己的"今日头条"。BAT 已全部开始做算法推荐了。

——2016 年 10 月 20 日金投赏论坛演讲

背景分析

到张一鸣演讲这天，今日头条用户已经超过 5.8 亿，日活超过 6300 万，单用户日均使用时长是超过 76 分钟。虽然是豆瓣最先在中国建设推荐引擎社区，但却是张一鸣大规模引入推荐人才，重构推荐引擎，今日头条确实是引领者。

行动指南

走自己的路，让别人跟在身后。

9月15日 变革时期的平衡

我们认为以后内容跟服务之间可能会越来越近，我们希望内容具有可读性、可服务性，我们都愿意推荐给用户。无论是个人、媒体还是企业账号，只要是对用户体验有益的，无论他是否在文章后面跟上广告，或者说本身就是一个促销信息，完全可以当作内容一样发布，我们一样给用户做推荐，只要对用户有可读性或者能够直接提供服务的，都是用户需要的信息。

最后，我们组织信息的方式是基于机器理解，观察基于理解能力，我们会试图越来越准确地理解用户兴趣爱好，越来越缩小颗粒度，以及越来越对时间敏感去理解，同时对内容也是越来越准确地理解，并且在观察自己理解基础上做推荐。

当然我们发现有一些上面的媒体账号开始琢磨对机器理解的特点，开始做了一些SEO（Search Engine Optimization，搜索引擎优化），我们会加强这方面的能力。

——2014 年媒体训练营夏季峰会演讲

背景分析

张一鸣的这段说法是在向媒体界表达善意，当时今日头条正从版权危机走出来，媒体界普遍觉得他偷了自己的内容，张一鸣想要表达自己只是分发的渠道，甚至会帮他们分发带有广告的内容，并不会影响他们的收入。

行动指南

变革时期难免动了他人蛋糕，要做好平衡。

09月16日 协同推荐

社交是一种典型的协同推荐，它利用你现实生活中的社会关系，或者网络上的社会关系，对你做我为人人、人人为我的方式。除了社交，还有其他的协同方式，地理位置的协同，信息爱好接近的协同，包括职业接近的协同，包括场景接近的协同。

所以协同是一个重要的信息探索方式，我们经常说个性化，会不会越来越是我收载的信息，泛化才是一个共性，社交是一种社会关系的共性，当然还有其他的共性。

——2014年互联网大会演讲

背景分析

这届互联网大会上，张一鸣指出今日头条的内容不是狭义的新闻，而是广义的信息，一方面是为了与媒体区分开来，一方面是为了突出自己的技术创新平台属性。今日头条当时也正在引进利用社交关系链的协同推荐算法。

> **行动指南**
>
> 社交关系可以助力协同推荐，要充分发掘社交的作用。

9月17日 顺应大时代的需求

20世纪90年代就有个概念，理论上出现这样的互联网报纸，每天给你一份你最应该看到内容的报纸。从这个概念提出以后，有很多公司前赴后继地尝试。我在2008年持续关注这个方向，能不能出现这样的产品？从互联网出现以来，最早是导航、门户，无论是雅虎还是好123，还是几大门户，都是分类浏览的方式组织信息，之后出现了搜索引擎，用关键字来组织信息。在2008年左右，我强烈地感觉到仅仅有搜索引擎还不够，比如我对一个事情持续感兴趣，但并没有想到主动搜索，可能我感兴趣的信息没有新的内容出现。

——2015年12月5日中国企业领袖年会演讲

> **背景分析**

网上有一个广泛流传的"苹果之于牛顿，火车票之于张一鸣"的故事。

张一鸣在酷讯时某次要买火车票，当时酷讯搜索需要用户输入信息实时查看。张一鸣嫌麻烦，便在中午编了个小程序，让网站机器定时自动搜索，一搜到就短信通知自己。在小程序帮助下，张一鸣最终顺利买到火车票。这种体验很人性化，因为用户不需要主动搜索，互联网信息按照需求自动推荐，这会给用户带去极大便利。据说，就是这个小程序让张一鸣看到了信息推荐的价值。

但是我们从这段演讲可以看出，张一鸣做推荐引擎的想法，更多的是受到时代大背景的影响。

> 行动指南

做早就应该存在的产品，而且要做到极致，这样才能脱颖而出。

9月18日 用机器写稿

可能很多今日头条的用户不知道，今年奥运会的时候他们看到的新闻，或许是一个名叫 Xiaomingbot 的 AI 机器人来完成的。

在整个奥运会期间，Xiaomingbot 写了四百多篇新闻稿，一条稿件的写作时间平均下来大概不到两秒钟。最后 AI 写的稿子大概有一百多万的阅读，有的阅读量甚至略高于记者的稿件。

有媒体对比了今日头条和华盛顿邮报的写稿机器人，发现头条的机器人不但信息量更丰富，能写配图长文，而且文字也更生动有趣。

这个 AI 机器人是我们今日头条实验室和北大计算机所合作完成的项目，也是国内第一个综合运用了自然语言处理、视觉图形处理和机器学习技术的写稿机器人。此前国外开发的写稿机器人，基本都是写一些简单的资讯，做一个模板，填上数据结果；Xiaomingbot 则可以通过获取网上对相关赛事的文字和讨论，总结归纳生成一篇较长的赛事资讯，并且还能自己选图。

其实今日头条一直在尝试类似写稿机器人这样的项目，我们希望用人工智能来帮助创作者创作更优质的内容。比如，今日头条号作者写文章的时候，选择一个合适的封面图常常是个难题，我们今日头条实验室现在做的工作之一就是用人工智能的算法去帮助今日头条号作者选出更好的图，或者取一个合适的标题。

——2016年11月张一鸣乌镇演讲

背景分析

事实上，机器人写稿并不算什么新闻，早在 2009 年，美国就已经出现名为 Stats Monkey 的写稿机器人参与职业棒球赛报道，包括《福布斯》在内的大量顶级媒体都在尝试利用机器人撰稿，以此提高工作效率。

但是到目前为止，众多写作机器人的出稿质量仍然堪忧，有人分析主要原因就是其背后并没有充足的数据支持，也缺乏足够多使用场景。今日头条则不然，头条号天然拥有众多使用场景，写稿机器人非但不会代替创作者，反而成为诸多自媒体人的编辑工具。

今日头条开发写稿机器人并非出自前沿技术探索，而是建立在切切实实的使用场景之上。

行动指南

从用户场景出发，充分利用人工智能提高效率。

9月19日 算法与人工并行

说到算法，很多人会觉得高深莫测，又觉得冷冰冰的，也许在无形中拉开了我们与大家的距离。但实际上，业内人士知道，任何公司都是两条腿走路，算法与人工是并行的。比如你在脸书看到的时间线，主要由算法推荐内容，同时也由一个数百人的团队对这些内容进行人工核查和调整。今日头条也一样，我们有专业的内容运营的团队，其中有不少人有传统媒体的工作经验，他们会帮助算法去发现、判断内容的价值。

——2016 年 1 月 15 日今日头条未来媒体峰会

背景分析

相比于此前张一鸣说的，今日头条没有一个编辑，这里多了不少"人情味"，他在努力向媒体人群体示好。相比于之前不断表达自己的差异，张一鸣此处是在努力寻找共性，告诉对方其实自己也有媒体人同事一起工作的，今日头条仍然需要内容上的运营。

行动指南

越是尖锐的技术创新，越要寻找与旧制度的共性，学会妥协。

9月20日 人工智能的关键之处

去年我去波士顿的时候见到一个哈佛的学生，他问我，为什么自己在哈佛会收到长沙老家的新闻推送，我说你是不是在过去两年春节回家了，他说"是"。我告诉他，我们是用了过去两年的日志。机器识别出你在波士顿，但是春节回过长沙，所以会给你推荐长沙的新闻。但不是长沙所有的新闻都给他，而是离开长沙的人通常会感兴趣的新闻才推给他。

——2016 年 11 月张一鸣乌镇演讲

背景分析

张一鸣这里举的例子其实包含了人工智能在今日头条个性化推荐里的三个关键之处：个性化、泛化和数据积累。首先，这个哈佛学生用了今日头条两年，算法对他的了解很深入，所以才能知道他是春节回的长沙，这是个性化的部分。其次，今日头条把离开长沙的人会喜好的信息推荐给具有相同特质的他，这是泛化的部分。这是需要大量数据训练才能达成的事情。

最后一步，就是越多的人用越长的时间，人工智能的训练样本就会越大，通过数据积累最终实现数据进化，完成精准推送。告诉在哈佛读书的长沙人，这条关于人才的信息你不该错过。

到 2016 年张一鸣演讲这天，今日头条已经在算法方面拥有 800 名工程师，每天 150 亿条训练样本量，20000 台服务器，每日处理数据 6.3PB，用户请求 60 亿次。这就是今日头条推送越来越精准的原因。

行动指南

理解推荐，拥抱人工智能。

9月21日 人工智能的阶段

今日头条是靠技术系统驱动来进行信息分发的。这个系统目前由 4000 台左右服务器组成，每天处理数据相当于 100 块 500G 的硬盘。

这个系统的智力水平不好衡量。你让它快速总结一篇文章的中心思想，它可能是高中水平。你问它这个文章是否够文艺，它可能是小学生水平。你要问它这个文章是否伤感，它的智力就更低了。

我想说的是，计算机的优势是记忆力好，而且精准，不知疲倦，但人脑的优势在于强大的跨领域综合判断能力。

人工智能的关键依然是人，计算机对人控制反转的可能性，至少在未来十年我还没看到。

在理论上，将来有可能在人工环境下重新形成物质和连接，但目前的人工智能，依然是仿造和模拟人脑的神经传递机制。

——2015 年 7 月 29 日张一鸣接受《南方周末》采访

> 背景分析

因为科幻小说电影的流行，很多人总是担心人工智能会对人造成威胁。比如今日头条收集到了足够多的信息，有人担心这个系统足够智能后，它能看透每个人，会造成用户隐私的问题，但其实是没有必要的，目前的人工智能还处于工具阶段，距离强人工智能还遥遥无期。

> 行动指南

人工智能的关键仍然是人，在目前的进度下，计算机控制人的情况仍然遥遥无期，应该继续发挥人对人工智能的利用。

9月22日 网站是低效的

网站是落后的信息组织形式，它不是健康的生态，同时网站内容组织的形态也非常不好，通过索引的方式其实是杂乱无章的。举个例子，我们打击低俗，如果一个作者老生产低俗内容，我们可以直接惩罚这个作者，网站是做不到的。

——2016年12月14日张一鸣接受《财经》采访

> 背景分析

在今日头条发展早期，低俗一直被认为是今日头条成功的原因之一，当然这个说法后来被附加在快手身上，再后来这个词被替换成了"下沉"，成了每一个巨头都必须重视的东西。

张一鸣的这段话一方面是在表达自己对于网站形式落后的看法；另一方面就是表现今日头条在打击低俗内容方面有非常大的优势。

技术创新过程中难免遇到很多问题，应该不断用创新干掉问题，而不是让问题干掉创新。

行动指南

在创新中遇到问题，就要用创新解决问题。

9月23日 信息分发

目前在信息分发领域，中国公司在产品和技术能力上，可与通常意义的发达国家同台竞技、甚至更胜一筹。现在中国对于新事物是比较鼓励的，你看Uber（优步）在很多国家被禁止，但在中国许多城市还在顺利运营。

Uber是让车的位置信息和人的位置信息更快匹配，今日头条是让信息和人更快匹配。

Uber对传统出租车行业有影响。但我们跟Uber不太一样，我们不是要取代谁，我们是新生的一个物种。我们跟搜索引擎的出现有点像。当年搜索引擎出现后，对门户网站有冲击。但搜索引擎帮助信息更有效率地传播。我们也一样，而且我们没有取代传统媒体。2014年5月我们完成C轮融资前，甚至我们出现之前，传统媒体已经开始下滑，它是被整个移动互联网影响的。

——2015年7月29日张一鸣接受《南方周末》采访

背景分析

张一鸣通过优步模式来解析今日头条的产品模式，以肯定中国对于新事物的包容和鼓励，更重要的是表达对传统媒体造成冲击的不是今日头条，而是整个互联网大趋势。在张一鸣心中，今日头条的对标对象是搜索引擎，他认为移动互联网时代的推荐引擎更有效率，应该成为浏览器的替代者。

行动指南

用大视野看问题，找到好的对标对象。

9月24日 利用开源

我们将研发的成果和开源技术相结合，系统基础领域采用开源的，关键领域使用自己研发的系统。我们每日分析上百万的数据，分析几千万的用户行为，每日API（Application Programming Interface，应用程序编程接口）请求数达几亿次，到目前为止运行状态都很平稳。我们之前在自研系统和开源系统上经验比较多，同时结合创业公司低成本高效率的开发模式，所以我们在短短几个月内的增长很快。不会像一些创业公司那样，最初考虑得很全面，从基础系统开始做起，结果不仅产品没能发布，还浪费了大量时间，所以我们在这方面处理就比较有经验，这也是对技术管理的挑战。

——2013年3月17日 CSDN采访

背景分析

开放源码软件运动是计算机科学领域的一种文化现象。近年来，国内各大互联网公司也争相建设开源文化。张一鸣本人就是技术极客，对开源的好处自然有更深的理解。

行动指南

不要浪费时间从头做起，要拥抱开源，提高创新效率。

10月

业务拓展

10月1日 看到变化

接下来，我跟大家分享"为什么要创办今日头条"。

我觉得一个好的创业机会，首先需要一个很大的变化，才有各种生产要素重新组合的机会，新的企业才有机会更好、更有效地组织生产要素，组织新的公司来更好地发展，否则这个难度是很高的。

在2011年的时候，像王兴刚提的"四纵三横"中，我发现移动这"一横"的变化非常大，在各个运用中的占比都在快速增加。在媒体这个行业中，我觉得移动将会取代作为信息传载的主要介质。现在讲介质的变化，可能大家对比还不大深刻，但我相信再过十年，大家再回过头来看，会有很强大的感触。曾经十几年前，如果我们每天需要把这个故事或是事件告诉用户，就需要将油墨印刷在白纸上，再几千几万的人投递到每家每户。移动这个介质出来之后，我觉得它绝对是秒杀其他介质的媒体。因为：第一，它及时性非常高，一分钟甚至一秒钟之内就能抵达千万用户；第二，它便于随身携带，非常方便，比报纸还方便；第三，它是双向互动的。所以我意识到这个介质会有非常大的变化。

其次，机器学习技术有非常显著的发展。在2009年，海量云技术、技术处理的快速发展，使通过海量数据来分析用户信息成为了可能，之前也有基于各种统计算法的技术，但是都没有这种基于海量数据的机器学习技术用于大众的产品。这就是技术的变化、介质的变化。

另外，个性化需求的变化。大家以前上网就只是想看看全国的大事就好，但是现在，人的求知欲越来越旺盛，受教育的人越来越多，他们希望知道自己所从事相关行业的更多信息。可能从事政法的人想看到法律、司法改革的信息，从事技术的想知道技术的最新进展，喜欢娱乐的想看到明星的最新信息，并且是他喜欢的明星的最新消息，所以我觉得现在个性化需求越来越多。这跟商品类似，就像我们以前可能只是需要百货商店，后来我们需要一万种货品的超市，再后来我们需要有千万种商品的淘宝，在信息领域也相似，人的需求越来越个性化。

——2015年9月30日龙岩籍互联网新锐高峰论坛主题演讲

背景分析

业务拓展的第一个逻辑是拼脑力，创业者要有一双敏锐的眼睛。

总结来说，张一鸣认为好的创业机会要满足三个条件：一是介质的巨大变化；二是技术的大发展；三是需求端的巨大改变。业务拓展也是如此，要想做成新的业务，企业家就必须有一双敏锐的眼睛，必须看到时代发展导致的需求侧、供给侧和技术领域的巨大变革。

以抖音为例，张一鸣很早就从今日头条的阅读数据发现，短视频打开量不断增长，而且打开概率远远大于图文，于是判定出短视频新介质发展趋势，从西瓜视频、火山视频各个角度突围而出，最后凭借抖音一举问鼎。字节后来在问答、教育乃至TO B方向都是这个逻辑。

行动指南

看到时代的变化，更有效地组织生产资源。

10月2日 内部培训

要提高团队效率必须让大家多互相培训交流，要提高交流效率就要求主讲者提高演讲沟通的能力。磨刀不误砍柴工，磨石不误磨刀工。而创业公司的特点是必须三个东西一起磨，不能一个一个磨。

——2010年6月张一鸣微博

背景分析

业务拓展的第二个逻辑是拼体力，要不怕费事多做内部培训。

张一鸣在创业之初，经常请外部优秀人才到公司做分享，当时百度凤巢张栋，后来快手创始人宿华都是座上宾。张一鸣也经常组织内部员工分享，让大家一起交流心得，即使不复盘业务，也要多多交流。

这种做法不但可以提高员工业务能力，更有助于打造创业文化，建设学习型组织。

行动指南

打造内部创业文化，团队成员互相培训。

10月3日 创业和生意的区别

很多人创业的目标是赚到第一桶金，我其实没有这个概念，我创立公司的时候从来没有想过赚第一桶金，不是以这个为目标。我自己是一个信息获取的重度用户，我在想如何更有效地获取信息，除了我自己有效获取信息，如何帮助用户更好获取信息，如何帮助用户更好交流。从这个角度上讲，我也不是一个生意人，这就是创业与做生意的对比。以前做生意是说"人傻、钱多、速来"，创业的时候我们一般说这个事情是一个新技术、新的商业模式，这是做生意跟创业的区别。

——2015 年 9 月 5 日中国青年领袖公益演讲

背景分析

业务拓展的第三个逻辑是有耐力，要做好长期准备，做有价值的事情，而不是急于挣快钱。

张一鸣能够做出这样的选择，我们必须看到其时代背景。张一鸣的家乡龙岩是海峡西岸经济区，台港澳侨胞众多，1990 年前后就已经是全国少数富有城市。张一鸣出生的家庭生活优渥，既不用为生计发愁，也不用为户口忧心，他完全不考虑第一桶金也有其家庭背景的影响。

不过，也正是如此，他才可以全心全意地投入创建公司，用极度的理性设计公司的创新发展，而不用考虑生意方面的事。原生家庭对人的影响非常大，越是草莽出身的创业者，越要注意调整自己。

行动指南

保持耐力，做有价值的事，而不仅仅做挣钱的事。

10月4日 正视豪门

在我们公司创立不到一年的时候，曾经有巨头想给我们一个很诱人的投资 offer：比 VC 更高的估值、上亿的捆绑安装渠道、几千万 UV 的 web 流量、数据等。接受这个 offer，在半年内，业务增速有望增长几倍。当时我很纠结，纠结了整整一个星期。

后来我拒绝了，因为：

（1）我觉得这些帮助是兴奋剂，在自己内功未成之前会导致内生力量受到遏制；

（2）有些资源会让战略变形，比如我们本来不打算做web的，而有了这么大流量，你就会继续投入资源；

（3）巨头的负面：卷入巨头战争，被迫站队，乃至"被站队"，或者想法不再自由奔放；

（4）独立公司的定位，更有利于吸引一流人才，因为梦想和可能性无限。

——2013年张一鸣文章

背景分析

业务拓展的第四个逻辑是有定力，能拒绝诱惑。

这里的巨头应该就是360，张一鸣拒绝周鸿祎的时候，周也并不觉得遗憾，他那时候告诉360高管，觉得自己可以再做一个今日头条。后来，张一鸣也拒绝了腾讯。他说很多同事告诉他，自己加入今日头条不是为了成为腾讯的员工。

很多人在创业期看到巨头的offer都会欢欣雀跃，而忽视了对事情本身的思考。好处是明显的，坏处是隐含的。张一鸣拒绝巨头，从本质上来说是因为他有更大的愿景。

行动指南

站队之前要思考清楚，巨头所带来的影响不仅有正，还有负。

10月5日 面对诱惑

"今日头条"小有所成的时候——我更新一下，盛师兄刚说的五亿美元估值是去年年初的时候，因为保持低调作风，不能对外说太多，实际上现在超过五亿美元很多很多了——大概2013年初，我收到过来自巨头很好的投资offer，每年大概一到两次，对方给很多的资源、大量的数据、比 VC 更高的估值、上亿的捆绑安装渠道、几千万 UV 的 web 流量等。接受这个 offer，可以在半年内，业务增速增长几倍。但是，过早接受投资并站队，对公司长远发展不是一个特别好的事情。面对巨大的诱惑，我保持了冷静独立的思考，想了整整一个星期。我想在南开那么漫长的寂寞我都熬过来了，就不差这半年了。既然想好了方向，就不要走捷径了，于是拒绝了这个 offer。这个决策为"今日头条"成长为今天这样一个独立的、平台级的公司，打下了坚实的基础。那之后到现在，每天都面对很多诱惑，包括天价的并购，我们都坚持住了。这离不开南开的熏陶。

——2017 年 11 月 15 日南开校友会演讲

背景分析

今日头条估值到达五亿美元其实是 2014 年的事，张一鸣演讲这天估值早就增长了五六十倍，当年 8 月的 E 轮融资是 220 亿美元，这次演讲后一个月的增资估值为 293 亿美元。但是张一鸣并没有直接说出来，他仍然不希望公司的估值太过惹眼。

在笔者的拜访过程中，遇到的几乎每一家巨头都说曾经错过今日头条，自己有多么好的收购机会，现在看来，他们的开价再好，恐怕也注定会遭到拒绝。张一鸣的抱负愿景非常大，并不容易被小诱惑吸引。

行动指南

拒绝诱惑，不要过早站队。

10月6日 怎么度过迷茫

诱惑、迷茫还是有的，比如要不要在早期的时候接受战略投资？要不要追求短期利益？但这个过程中也有很多机会，看你是不是按照兴趣做，你追求短期还是长期。

也会有困惑，但是越到后来，当你条件越具备，你就会越按照企业使命做事情。我自己的迷茫都不太长，最长也就是两个星期，后来越来越短。

——2016年4月12日王石对话张一鸣

背景分析

企业的经营者对于企业发展未来感到一片迷茫，这是正常的现象，甚至连稻盛和夫也遇到过相似的状况，他的解决方式是清晰地认识企业经营的本质——经营者必须具备不为己利，而是以员工和世间的利益为基点的经营理念。

作为企业的经营者，你必须以企业使命要求自己，按照企业使命做事，这样你就能缩短迷茫期。

行动指南

塑造并且相信自己的使命，缩短迷茫期。

10月7日 八成把握再动手

我不是那种东一榔头西一棒槌什么都做过的创业者，从开始创业我就明确要一直做内容分发，因为我认为它的空间是最大的。存储的增长空间也就三五倍，传输不过十倍二十倍，但分发却是从一到巨大的翻倍。

这就是我的保守，无论做什么，我都会想得非常清楚，至少有八成把握，我才会动手。

——2014年2月张一鸣接受《中国周刊》采访

背景分析

业界共识，没有战略定力的内部创业，必然是昙花一现。

一个公司在两种情况下最容易鼓励内部创业，一种情况是公司营收状况良好，想要资金做业务拓展，从而实现更大增长；另一种情况是面临非常大的战略危局，进行业务拓展相当于四处突围，这时候就是考验决策者战略定力。

当一个决策者没有思考清楚，就鼓励内部创业，渴望做出一番成就的年轻人自然会在公司的鼓励下四处出击，但也会导致公司没有重心。

更麻烦的是，当公司营收状况稳定，或者公司危局解除后，这类决策者又会轻易放弃刚刚做出点基础的新业务，这不但是对公司资源的巨大浪费，更是对年轻人信心的打击。

行动指南

执行坚决，决策保守，想好再动手。

10月8日 有魄力

觉得在2000年左右做搜索的公司其实是挺有魄力的，互联网早期有这么多看起已经有模式的大生意，耐得住诱惑做技术工程量这么大的事情！要知道，当时的人才数量、硬件价格、开源普及的程度都比现在差很多。谁想到搜索会成为真正最大的业务。

——2012年8月张一鸣微博

背景分析

业务拓展的第五个逻辑是有魄力，真正的创新者是无所畏惧的。

做一件长远的、正确的事，往往需要付出巨大代价，正如斯托克代尔悖论所说——你必须相信前途一片光明，也必须接受现实必然残忍。

吉姆·柯林斯的《从优秀到卓越》一书中说："有魄力可以是一种财富，也可以是一种累赘，看你怎么使用。"创新者在使用自己魄力这件事上，更多应放在决策上，而不是放在日常强硬领导上。

行动指南

决策有魄力，面对正确的事，敢于下决断。

10月9日 看长期

我希望大家能在喧嚣和挑战中，依旧保持好的士气，看长期，有定力，信任公司能在复杂局面下做出好的判断，给员工足够的支持。而我们通过不断的创新和坚定的执行，为用户提供最好的服务，自身保持高速成长，是应对危机最坚实的后盾。

——2020年8月张一鸣内部信

背景分析

这封内部信发布的2020年，字节跳动最大的挑战来自美国，特朗普总统要求字节跳动必须出售TikTok，甚至给出了限制期限。

2020年7月前后，网络上传出微软即将收购TikTok的新闻，字节跳动再次被推上风口浪尖。

在这种情况下,张一鸣发出内部信,希望公司全体保持信心,共渡难关。

从后来的结果来看,张一鸣一路将 TikTok 收购案拖了下来,直到特朗普换届下台,仍然保持着对 TikTok 的完美控制。

行动指南

给员工支持,给公司信任,看长期,有定力。

10月10日 脸书

《好奇心日报》:你把谁作为今日头条的标杆公司?

张一鸣:我看企业创始人传记看得比较多,我个人比较倾向脸书。我希望在人才观、管理的风格、很多理念上是比较接近脸书的。

《好奇心日报》:脸书的成长也经历了一些弯路,对于今日头条来说有哪些是值得借鉴的地方?

张一鸣:他们属于产品上步伐幅度较大的。尝试了很多项目是失败的,遭到很多用户的反对之声,但他们坚信这个方向是可行的,又重新再做一遍。他们是抱着企图心地、大胆地在尝试。这挺值得今日头条学习的,不要满足于现状,在产品上也应该敢于迈大的幅度。

——2015 年 4 月 29 日《好奇心日报》采访张一鸣

背景分析

扎克伯格是 1984 年生人,却走在了张一鸣前面,2004 年创办脸书,之后将其做成世界最大社交网络。张一鸣是 1983 年生人,虽然比扎克伯格大一岁,却比其起家更晚。

张一鸣从创业之初就热爱研究脸书公司,对扎克伯格也有过深度了解,所以在后来的历次相争中,总是能够处于优势地位。

张一鸣做出这段发言的 2015 年，他还处于战略学习期，对于脸书的产品观学习非常多。

行动指南

在产品上要大胆折腾，不要拘泥于现状。

10月11日 战略悄悄地做

早期我是躲，现在躲不起了那就加快。首先，我们还继续保持对事情的独特理解，脸书做到别人没做好的，很大原因是他们对事情有独特的理解，这个独特理解不仅仅在于界面长得怎么样，按钮怎么样，包括这个产品的研发路径，什么事情尤其重要，什么事情不是。我们团队对愿景的理解和热情，对方向的理解要比别的公司高。其次，在行动上我们要比别的公司坚决、快。

就这两点，其他都还好，竞争的事情是你不能改变的，我一直打一个比喻，就像你在跑步过程中主要向前看，偶尔看一下左右，就不要回头了。

我们愿意让大家知道我们的存在，也愿意分享我们已经做的成果，不过未来更具体的设想还是会保持低调一点。我们不会去像一些公司一样，开战略发布会，把自己想什么都对外说出来。我一直很奇怪为什么那么多公司喜欢开战略发布会，战略其实是内部的事，悄悄地做。

——2015 年 4 月 29 日《好奇心日报》采访张一鸣

背景分析

很多创业者在做某件事上喜欢高举高打，事情还没做成，发布会已经开了一堆，虽然会有一定的广告效果，但更多的是转移了注意力，而且让对手有了警惕之心。

正如张一鸣所说，战略其实是内部的事，创业公司更应该修炼内功，而不是把资源消耗在宣传上面。

> **行动指南**

公司早期战略要悄悄地执行，不要高调宣扬，实在躲不了就加快速度去做。

10月12日 组织的成果体现在外部

组织的成果都在组织之外，所以不要把做完了某某项目说成成果，而应该始终关注对外体现的成果，如：用户在什么方面体验得到了提升，公司在业界得到了什么益处。

——2012年2月张一鸣微博

> **背景分析**

很多管理者看起来总是非常忙碌，不停开辟并且完成一个又一个项目，但是公司真正从中获得的增益并不多。对于创新者来说，这种无用功要少做，自我感动的事更要少做，应该做真正能体现在组织之外的事。从这点来看，勤奋有时候也是逃避，创新者不应该只顾做事，而应该多做对外有结果的事情。

> **行动指南**

看结果，不要看内部，而要看对外部的影响。

10月13日 不能只低头狂奔

第一，我觉得在这次争论中我们的确有一些工作做得不太好，以后我们要做的变化是，我们不能只是自己想清楚，然后低头狂奔，而是要把我们的理念分享给大家，帮助大家认识到移动互联网新媒体的变化，推动整个链条的共同认知。

第二，我们将会提供更多工具、更好的技术支持，让更多愿意创作内容的人更容易地创作内容，加速新媒体对内容的主导。

第三，我们要把今日头条与媒体合作的成功案例更多地告诉大家，我们以前可能是自己知道，现在我们在微博上也建立一个今日头条媒体评论的账号，我们把好的例子、各种数据、各种体系的发布让大家知晓，同时也一起摸索新的合作模式。

我们希望所有对未来有理想的媒体能跟我们一样往未来看，然后帮助用户更好发现有价值的信息。从信息更好传播的这个角度来看，共同把这个事情建设好，我们欢迎——不论是否曾经批评我们，还是赞扬我们的媒体——都一视同仁地欢迎合作。

——2014年6月张鹏对话张一鸣

背景分析

2014年6月4日，今日头条宣布C轮融资一亿元，公司估值达到五亿元。在这之后，今日头条遇到了公司创立以来最大的一次危机，数十家媒体开始了对头条的进攻，或口诛笔伐，或诉诸法律，《广州日报》起诉头条转载侵权，《新京报》发社论指责头条为"剽窃者"。尽管张一鸣最终顺利地度过了这次危机，但这次危机让他吸取了教训，作为一家规模较大的公司的最高领导者，他必须要对外发声，增加与外界的沟通交流。

> **行动指南**

不能只低头狂奔，该发声的时候必须发声，让别人知道自己并与自己合作。

10月14日 短视频爆发期

正是由于"生产""分发"和"互动"三个环节都发生巨变，短视频才迎来了加速爆发期。在这里，我想分享三个认知：

（1）短视频门槛低，需求旺盛，创作甚至创业都大有可为……

（2）视频更有机会成为 IP……

（3）要把今日头条号当作首选平台。

——2016年第二届今日头条创作者大会演讲

> **背景分析**

今日头条从 2015 年 5 月开始进入短视频市场，到他演讲这天，已经发展到单日播放量超过十亿次。视频已超过图文和组图，成为今日头条最大的内容体裁，其中 93% 的视频长度在十分钟以内，74% 的视频长度在五分钟以内。今日头条也已经超过秒拍、美拍成为国内最大的短视频平台。

在张一鸣这次演讲的 2016 年，今日头条既没有抖音，也没有火山小视频，西瓜视频也还处于孵化期，但是他已经看到了短视频的潜力，他的这段话是为了号召更多的创作者进入今日头条创作短视频。

> **行动指南**

把握时代变革，坚持做短视频。

信息走向短视频

最后是消费层面，广告消费正在趋向视频化。随着 4G 和 Wi-Fi 技术的普及，并且制作门槛低、用户需求旺，短视频消费终于迎来了加速爆发期，视频广告的形式也会顺势成为新主流。

就今日头条的视频数据来说，每天有十亿次播放，每天播放时长达到 2800 万小时。在今日头条平台上，用户观看短视频量呈现非常快速的增长，视频流量在不到一年的时间内就赶超了图文流量，信息走向视频化。

目前来看，今日头条已成为国内最大的短视频平台，没有之一。

——2016 年 10 月 20 日金投赏论坛演讲

背景分析

事实上，短视频产品早已有之，国外有 Vine，国内有秒拍、美拍、微视，但是它们起家虽早，消费侧并没有真正接受。

2008 年 4G 标准确立，2011 年国际上开始有商用 4G，2013 年工信部向三大运营商颁发 4G 牌照，但是 4G 真正普及还是在 2016 年前后。

4G 普及带来短视频行业大发展，而字节跳动是 4G 红利的最大获利方。

行动指南

抓住视频崛起的机会，敢于成为引领者。

10月16日 Papi酱

今年Papi酱的火爆不是偶然个案，背后其实是短视频这一个全新内容体裁的崛起。为什么我们说短视频是内容创业的新的风口？因为在视频的"生产""分发"和"互动"三个环节，都发生了巨大的变化。

先说生产。视频制作门槛已降到很低，智能手机大都已支持1080P的高清视频录制，手机端的剪辑、特效APP也已经足够流行，一个人用一台手机已经可以生产出足够吸引人的内容。

再说分发。互联网上内容激增后，有两种主流的分发方式：

（1）社交分发。用户在消费内容的同时，把一部分内容推荐给自己的朋友。你感兴趣的内容，你的朋友也有一定概率会感兴趣。

（2）智能分发。以今日头条为代表，由机器来匹配人与信息。机器记录下你看了什么内容，与你相似的人看了什么内容，再通过算法把你可能感兴趣的内容推荐给你。

最后说互动。视频已渗透到了全部场景，除了八小时睡觉时间，一个人可以利用一切碎片时间观看视频，还可以与其他空间的观众进行互动。

——2016年第二届今日头条创作者大会演讲

背景分析

张一鸣分析Papi酱的案例，主要是为了说明短视频赛道发生的绝大变化。

张一鸣从生产、分发和互动的角度出发，讲述了三个方向的发展，指出视频时代已经来临。

正是因为看透这一点，张一鸣才敢于带领字节跳动在之后的几年时间里，全心投入短视频领域，并且做出了抖音这个王者级产品。

> 行动指南

把握时代风口的关键环节，激发普通人的创造力。

10月17日 不要势利眼

做很多事情，初始都是很困难的，要调动资源全力以赴尝试很多次，才可能取得进展。现在，我们也有一些产品还不够好，我们欢迎积极吐槽提建议，但不要那么容易放弃希望。我觉得动不动就说"凉凉"是很势利的。什么是势利？势利就是只对表面现状的附和，不能超越现在，去想象还未发生的事情。

——2019年字节跳动七周年演讲

> 背景分析

张一鸣的这段话，主要是针对字节跳动做短视频这件事，字节跳动的短视频发展也是一波三折。

字节跳动第一次讨论做不做短视频是在2014年，当时张一鸣等人看到整条地铁线都是微视和秒拍的广告，于是动了做短视频的心，但因为当时字节跳动深陷版权风波，张一鸣等人并没有精力做这件事，于是只好放弃。

字节跳动第二次讨论做短视频这件事是2015年在冲绳旅游年会，张一鸣在居酒屋中与众人谈了做短视频的重要性，最后形成尝试的共识。

字节跳动下定决心做短视频是2016年，张一鸣等人发现视频化是时代趋势，绝对不能放弃，而且要重点投入来做。张一鸣定下的策略是：要大力尝试，不仅要做，还要做两款；不仅在国内做，还要在海外做；不仅要在海外做，还要做好并购。

2017年，字节跳动收购了Flipagram，开始出海建立团队，一开始团队没有经验，都觉得非常心虚。

张一鸣做演讲的 2019 年，字节跳动的短视频产品抖音以海外版 TikTok，已经成为全球最大短视频产品。

> 行动指南

不能太势利，开始总是困难的，要敢于创新和调动资源。

10月18日 十亿元

我们认定，短视频是一个前景光明的领域，做短视频是一件方向正确的事，值得所有内容创作者在此施展抱负。从这个角度讲，扶持创作者、促使行业生态繁荣，不仅是一种策略，还是一种责任。

未来 12 个月，今日头条将拿出至少十亿元，分给今日头条号上的短视频创作者。

我们认为这是给认真的内容创作者的合理回报。我们希望这个决定能够影响未来内容业的走向，我们很期待今日头条号成为短视频创作者的不二之选。

——2016 年第二届今日头条创作者大会演讲

> 背景分析

要想开拓新业务，看到正确方向，就必须敢于重点投入，将用户拉到自己这一边。

2016 年，字节跳动还没有抖音，只有西瓜视频和火山小视频，但是因为看到整个社会的用户习惯都在向短视频转移，于是下定决心做赛道头马，自此以后不惜重金投入。

从用户角度来看，抖音后来之所以能够快速发展起来，团队之前在短视频领域的投入与经验积累，还是发挥了巨大作用的。

> 行动指南

重点投入短视频,敢于成为新方向的第一名。

10月19日 十亿扶持

过去的一年,我相信在座的各位都看到了"短视频"掀起的一场内容飓风。去年9月,我和我的同事还在激烈争论到底什么是"短视频"。但今天,短视频的赛道已经清晰,在整个内容行业,没有人不谈论短视频。

上一届创作者大会时,今日头条就已经是国内最大的短视频平台。2017年,在今日头条平台上,短视频的风还在刮。

十亿,是我们去年承诺用于扶持短视频创作者的金额。但实际上,我们投入的金额已经远远超过十亿元。因为其他平台的数据有些夸张,我就不说具体数字了。我相信大家都能从这一年今日头条的行动感受到,十亿扶持短视频不是一句简单的口号。

——2017年11月22日第三届今日头条创作者大会演讲

> 背景分析

因为有更大的目标,所以敢于做出更大的投入。2017年,微视停运尚未复生,秒拍、美拍的斗争也已经停歇,快手一家独大,短视频赛道看起来如此狭窄,但是张一鸣却仍然判断这是一个非常有未来的方向,所以才敢于烧钱投入。

尽管张一鸣还没有找到抖音这个利器,但这一年,快手正在向腾讯融资的时候,他仍然在火山小视频推出了十亿元补贴内容创作者计划,被业界视为快手的第一挑战者。

与此同时,他还另外开辟了西瓜、抖音两条战线,在2018年春节终于完成了翻盘。

行动指南

重金投入，吸引更多的人跟自己走一条路。

10月20日 加快步伐

短视频已经是今日头条用户最喜爱的内容体裁，等到几年后回头看，我们可能会发现短视频可能改变了今日头条用户，甚至是所有互联网用户的消费习惯。

去年9月创作者大会之后，我们在短视频赛道上加快了步伐：2016年9月，我们推出了音乐短视频产品"抖音"，目前日均播放量达到十亿；同年9月，我们也在日本上线了海外短视频产品Topbuzz Video，目前在美国、巴西、日本等国家都取得了不错的成绩；12月，小视频和直播产品"火山小视频"上线，目前日均播放量达到二十亿。今年2月，我们全资收购了美国短视频应用Flipagram；6月，今日头条旗下的独立短视频APP"今日头条视频"升级为"西瓜视频"推出；8月上线了海外版产品TikTok；这个月，我们刚刚完成了对音乐短视频产品musical.ly的收购，让我们的小视频业务有机会更快上一个大台阶。

经过我们这一年在短视频领域的加速冲刺，现在，在今日头条以及旗下的火山小视频、抖音短视频、musical.ly、Topbuzz Video等平台上，日均总播放量已经超过100亿，包括OGC（Occupationally-generated Content，职业生产内容）、PGC（Professional Generated Conternt，专业生产内容）以及UGC（User Generated Content，用户原创内容）在内的短视频发布量超过2000万条。

——2017年11月22日第三届今日头条创作者大会演讲

背景分析

2017年前后，国内4G网络全面展开，国际上视频产品的接受度大大提高，在这种背景下，张一鸣收购了 Flipagram 和 musical.ly，为字节纳入两员大将，并且推出 TikTok，全面推进短视频出海。

站在今天来看，TikTok 之所以后来能够成为超过脸书的超级应用，与张一鸣把握住时机、敢于冲刺，有着巨大关系。如果再多一丝犹豫，短视频这条赛道必然会被其他国际巨头抢占。

> 行动指南

看准方向大力去做，敢于冲刺。

10月21日 合作伙伴

汝波是公司的联合创始人，字节跳动是我和他一起创立的第二家公司了。他在字节跳动陆续承担了产品研发负责人、飞书和效率工程负责人、集团人力资源和管理负责人等工作。公司创立以来，从采购安装服务器、接手我写了一半的系统到重要招聘、企业制度和管理系统建设，很多事情是他协助我做的。未来半年，我们两个会一起工作，确保在年底时把交接工作做好。请大家支持好新 CEO 汝波的工作！

——2021 年 5 月 20 日张一鸣内部信

> 背景分析

2021 年初，张一鸣发出字节跳动内部信，表示将会在年底前卸任字节跳动 CEO，并任命梁汝波做接班人。作为张一鸣的大学同学，梁汝波与其有多年情谊，甚至可以说是其最信任的人。张一鸣将位置传给他，一方面是仍然能够保持对公司的掌控，另一方面是希望自己能够将更多的精力投入到其他创新上。

张一鸣选择了一个好的创业伙伴，这并不是功成身退，从内部创新角度来看，这是 CEO 亲自上马的以退为进。

行动指南

找到好的替代伙伴，让自己能够保持一定自由。

10月22日 负规模效应

三年前，我跟一些创业者做了一个分享，核心是说CEO要避免一个普遍的负规模效应——当业务和组织变复杂、规模变大的时候，作为中心节点的CEO容易陷入被动：每天要听很多汇报总结，做很多审批和决策，容易导致内部视角，知识结构更新缓慢。所以最近半年，我逐渐形成这个想法，对自己的状态做一个调整，脱离开CEO的工作，能够相对专注学习知识，系统思考，研究新事物，动手尝试和体验，以十年为期，为公司创造更多可能。同时，公司在社会责任和公益上已经有一些进展，其中教育公益、脑疾病、古籍数字化整理等新项目也持续探索中，我个人也有些投入，我还有更多想法，希望能更深度参与。

——2021年5月20日张一鸣内部信

背景分析

美国著名医学家乔丹·格拉夫曼曾经有个这样的研究结论："事实上，提高我们处理多任务的能力会妨碍深入思考和创新的能力。你处理的事情越多，专注就越少，你思考推理的能力就越差。"

一个极致的创新者必须保持其独立思考能力，在战略上多做谋划，而不是将自己陷于处理多项事务上。

张一鸣选择卸任，而将公司托付于人，从这个角度来看，反而是想要充分利用其自身创新才华，继续开拓新的事业。

行动指南

避免负规模效应,有急流勇退的决策力。

11月
社会责任

11月1日 三个层次

今天下午我跟王兴聊天，刚好谈到这个问题。现在很多科技公司越来越大，公众的期望也越来越高。也许这些公司平均订单量、业务量实际没有那么高，但是如果犯错，公众就希望这些公司能够承担更多的社会责任，仅仅合法合规是不够的。

我是这么理解的，比方你是做广告投放的，虽然医疗广告有资质也是可以做的，但是如果行业现状不好，容易出问题，那你可以主动放弃这块收入。像我们就不做医疗广告，虽然是合法合规的，但是目前行业就是有问题。所以我觉得第一个，就是产品服务标准要高，这个可能就是企业体现社会责任感的第一步。

第二个，我觉得是可以把你的核心能力延展到能够发挥公益活动的社会效益的地方。我举一个例子，今天上午在人工智能论坛其实也讲到过，我们发布了一个叫作"今日头条寻人"的产品功能，它在今年帮助500多个家庭团圆，现在平均每天可以找到七到八个走失者。我们把我们精准的定位技术和信息推荐技术用在寻人上，不带来商业收益，也不带来业务增长——我们大概算一下，每找到一个人的成本是五万块钱左右——但是找人效率比其他渠道更高。我们觉得这就是把核心能力延展到对社会有益的部分。

第三个，就是把企业一部分利润捐到对公众有益的地方去，很多企业也是这么做的。

这就是我理解的企业承担社会责任的三个层面

——2016年11月18日世界互联网大会答记者问

背景分析

稻盛和夫在《活法》一书中也谈过自己对企业家承担社会责任的理解，他认为没有人一生下来就具备高尚的人格和卓越的见识，在人生的历程中，只有依靠自己坚强的意志和不懈努力，才能塑造高尚的人格。对于企业经营者来说，他们担负着很大的社会责任。他们必须孜孜不倦、天天钻研、终生努力、不断提高自己的人格。

张一鸣以理性著称，他将社会责任细化到三个层面：一、自己不作恶；二、把核心能力用于公益；三、捐献利润，并从各个层面展开行动。

行动指南

科技公司越大，社会对其期待、要求越多，企业家必须承担社会责任。

11月2日 今日头条寻人

我们的今日头条寻人，现在已经找到8521个人了。平均每天弹窗80+例寻人启事，最多一天找到了29名走失者。

做这件事，我们也有过很多讨论。大家可能都见过"404寻人"，很多公司做过，在一个根本打不开的页面上，放上寻人启事，用户看到的时候，小孩可能都走失一个月了，而且也不在同一个城市。咱们公司也有同事很早就提议要这么做，但我坚决反对。这个方法根本找不到人，都是噱头，不如不做。如果我们要做，就要认真找到能解决问题的办法。

到了2016年初，我们的用户已经达到一定密度，我们又重新讨论，有没有可能，从LBS（Location Based Services，围绕地理位置数据而展开的服务）广告到LBS寻人。在燕郊有了第一个成功案例后，我们认真仔细地做了测算，找到一个人要用多少成本，1亿DAU的时候，是不是就能大规模解决需求了，我们有没有机会和能力承担全中国的寻人信息。到如今，今日头条寻人已经是最有效而且找到人数最多的平台了。后来，我发现美国有一个系统叫Amber Alert，跟我们自己摸索出来的系统很相似。希望我们所有的公益项目都认真追求可持续、大范围、高效率，不要做表面工作。

——2019年3月字节跳动七周年演讲

背景分析

据《中国走失人口白皮书》统计，今日头条是中国人口走失后找人最有效、找到人数最多的互联网平台。无论是路边的寻人启事，还是传统的报纸寻人，其传播效率、传播精准度都远远落后于今日头条。以往很多网站会登出寻人信息，但实际上打开率并不是很高，最后只有网站的公关效果，却没有办法真正帮人达成寻人目标。

对于某些大公司来说，其实他们并不是没有办法做得更好，只是不愿意投入更多精力研究，"404寻人"这种方式不过是把他们溢出的流量做了品牌营销而已。

2016年开始，今日头条用户规模达到一定程度，基于算法推荐的今日头条寻人能够在最短时间内把寻人信息推荐给相关人员，其传播效率和成功率都大大提高。

行动指南

不做表面工作，尽可能多做有结果的贡献。

11月3日 降低公益成本

今天在场的各位朋友，肯定对十几年前报纸上的豆腐块"寻人启事"有记忆。那时候，"寻人启事"只能刊登在报纸的夹缝或者不起眼的角落里。为什么呢？因为头版是非常稀缺、非常昂贵的，要留给重大的社会议题。所以，要让寻人启事上头版的办法只有一个，就是把头版的成本降下来。

把头版的成本降下来，让每个用户拥有属于他们自己的头版，在传统媒体的时代是无法实现的，抛开昂贵和稀缺的渠道不说，也没有那么多有经验的媒体编辑。今日头条最终借助于人工智能技术，真正实现了资讯分发的千人千面。让每一个用户，每时每刻，都能看到属于他们自己的资讯头版。

这是今日头条能把"寻人启事"从报纸的夹缝里送上头版头条的秘密所在；也是今日头条在四年内成长为一款全民资讯阅读平台的秘密所在。

——2016年11月张一鸣乌镇演讲

背景分析

过去报纸上的寻人启事一直登在夹缝中，阅读率不高，其根本原因在于最能够触达读者的头版是昂贵的，如果报社将其留给了寻人启事，不但很难获得收益，而且发行量也会受到影响。

今日头条基于LBS的信息流内容推荐，不但可以有效展示寻人启事内容，而且大大降低成本，让今日头条能够做更多有益的事情。

行动指南

降低做公益的成本，以便做更多的事。

11月4日 商业组织的位置

商业组织，包括五种形态或五个阶段。第一个阶段是个体户。如果你是个体户，今天开不开工没人管你，早上开工，还是中午、下午再开工也无所谓，个体户可以随便一点。第二个阶段是工作室。如果你是工作室，承担一个公司的某个环节，比如你是设计工作室，可能把这个PPT做完了就算完事了。第三个阶段是普通公司。如果你是一个公司，你就会有上下游和消费者，比如你是一个自行车轮胎公司，上面对橡胶厂，下面对自行车公司，旁边有同行，你有你的上下左右。第四个阶段是平台公司。如果你是一个平台公司，你会影响几亿用户。比如产品出一点问题，就有一堆人给我发消息，我的朋友圈就能看到，其他产品上也会出现吐槽。第五个阶段是全球平台公司。如果你是一个全球的平台公司，责任就更大了。各国面临各种各样的环境，全球各地的政策、法规、文化差异非常大，作为一个全球平台，要遵守各国的法律法规，尊重各国的公序良俗。我们正在由第四个阶段向第五个阶段迈进。

——2018年3月今日头条年会演讲

背景分析

越大的公司越会主动承担社会责任，福特公司和杜邦公司，在绿色运动中取得了牢固的领导地位。每一位首席执行官都必须了解公司的利益相关方，包括环保主义者和其他特殊的利益群体。

在承担企业社会责任之前，张一鸣对承担企业社会责任这件事，有非常深刻的认知。他看到了企业的本质还是商业组织，于是找到了商业组织的五种形态，并且确定了自己所处位置应该承担的社会责任。从理性的角度来看，主动承担社会责任是一种主动营造良好商业环境的表现。

《领导梯队建设》一书中提到过，不关注商业环境，没有公司能够生存下来。每个公司都是取之于社会，回报于社会。公司必须了解并积极地参与解决公司所面临的全球性问题，必须关注环境问题、安全问题、健康问题等，并承担相应的社会责任。

张一鸣后来甚至将承担社会责任列为自己的OKR，这是在为今日头条争取更好的商业环境。

行动指南

找到自己在商业组织中的位置，关注自己的商业环境。

11月5日 长尾内容

中国的报纸行业大概是在20世纪80年代发展起来的，经过几十年的发展，在2011年可能是个高峰。但即使是在高峰时期，农村、四线城市、边远地区的农民、矿工等是很少能获取信息服务的。中国大概有一万个刊号，大量的报纸杂志在农村是买不到的。但在有了移动互联网之后，中国目前的智能手机用户已达六亿。

——2015年9月30日龙岩籍互联网新锐高峰论坛主题演讲

背景分析

在过去的许多年里，不发达地区的人们获取知识的方法就是看《新闻联播》，报纸和杂志从来不会将下沉人群作为目标群体，更不会专门为他们撰写内容。从今日头条刚刚创立开始，张一鸣就非常关注下沉群体的需求，他甚至会要求每个员工春节回家都要做用户访谈，至少五个人。在张一鸣看来，只有对下沉人群足够重视，对他们足够了解，才能在为人们提供新的服务的同时，扩大自己的市场。

行动指南

重视下沉用户，重视长尾内容的创作与分发。

11月6日 不追求片面的东西

《财经》：你的竞争对手评价你们某些内容像毒品。用户点开可能是被标题诱惑，并不说明他需要并且喜欢这个内容。

张一鸣：因为没有收录足够多的用户信号，所以我们不知道你是因为被诱惑还是因为兴趣而点击。而我们现在试图通过更深入的用户行为识别来区分两者，比如用户的"点击后行动"——在内容上的停留时长，看完是否收藏、是否分享。

我本身并不认为低俗有什么问题。你在机场看到的杂志是一回事，在火车站看到的又是另一回事。很多人是为了证明自己高雅而指责它。

——2016年12月14日张一鸣接受《财经》采访

背景分析

郭德纲曾经对低俗和高雅问题有过非常生动的描述，"听交响乐高雅，看相声低俗；听明星假唱高雅，看网络原创低俗；看人体艺术高雅，两口子讲黄色笑话低俗；喝咖啡高雅，吃大蒜低俗。"

从这段话来看，所谓"低俗"和"高雅"其实只是不同用户群体的需求不同。

早期今日头条偏低俗，主要是早期今日头条的目标用户主要是下沉群体，而现在今日头条用户足够多了，所以才可以做很多知识类的"高雅"内容。

张一鸣说的不认为低俗有什么问题，并不是说可以做违法、违背伦理的内容，指的是自己的产品愿意满足不同用户场景的需求。

行动指南

给更多内容机会，不要片面追求高雅，片面打压低俗。

11月7日 避免内容泛化

其实这个问题的本质在于人们对推荐引擎抱有非常高的期待。当我们使用传统新闻客户端时，我们不觉得它让我们的信息渠道变窄，但对于推荐引擎却产生了这样的忧虑。

其实我觉得新闻客户端反而让我的信息渠道变得挺窄的，基本上我以前看的很多都是利比亚、巴基斯坦的新闻。其实不仅是变窄的问题，传统新闻客户端首先不符合用户兴趣，其次也不宽。为什么呢？它的报道可能只是一个主编的主观想法，喜欢什么东西，所以倾向性和关注领域非常明显。回到推荐引擎，大家对它的期望就会提高很多，当然我觉得这个期望是对的，是好的。

——2014年世界互联网大会腾讯专访

背景分析

张一鸣这段话正面回复了"信息茧房"的问题。在今日头条诞生之前，各大新闻平台总是会生产一些所谓"大新闻"内容。用户在使用的过程中，认知范围也受到了很大限制，传统新闻客户端并不觉得这有什么问题，但是当今日头条崛起后，他们却一再求全，责备。

张一鸣认为这是不公平的。在他看来，推荐引擎不但满足了用户需求，更让用户可以自己决定自己阅读的内容。事实上，字节跳动非常注重内容泛化，特意解决"信息茧房"的问题，这反而是其他客户端做不到的事情。

行动指南

做推荐引擎，也要避免"信息茧房"的内容泛化。

11月8日 无关人性

我不觉得算法要和人性挂钩。这就像以前哈雷彗星飞过,大家说这到底有什么意义?是要出现地震,还是出现鼠疫?其实和这个都没关系。我们做技术的时候也一样——我们没有说要模拟人性,也没有说要引导人性。你们文化人给了我们太多深刻的命题。

——2016年12月14日张一鸣接受《财经》采访

背景分析

张一鸣的这段话是在回答"算法应该引导人性还是迎合人性",事实上这个问题本身就具有指向性。所有的互联网产品都要关注用户需求,所有的产品设计都在迎合用户体验,作为一款成功的互联网产品,怎么可能是反人性的呢。张一鸣这段话也表明了一件事,开发研究算法不应该被外人强加的价值判断桎梏,只要做好自身就行了。

行动指南

算法没必要和人性挂钩。

11月9日 平台要克制

我在克制,同时我觉得平台的责任也是克制。因为你不知道你自己什么时候是对的,多数情况下你不克制带来的伤害更大。同时,我们要努力提高自己的能力,因为基本上可以不作恶的人都是有能力的人。

——2016年12月14日张一鸣接受《财经》采访

背景分析

张一鸣的这段话是在回答关于导向的问题，在媒体看来，今日头条作为一家拥有巨大流量的平台应该在内容方面给用户正确的引导。

张一鸣的观点则极为理性，他非常清楚，正确这件事本身就是无法完全定性的。

媒体界高知和精英分子云集，自以为掌控了对公共事件与议题的决策权，自以为拥有很高的精神追求，便试图对社会大众接触的信息进行引导，完全忽略了社会大众也是需要尊重的个体，他们也有自己的喜好。

张一鸣也曾经表示，他不认为打德州扑克、喝红酒和看八卦、视频有多大区别。

行动指南

平台要学会克制，不要为了少数精英忽略下沉用户。

11月10日 不要躲在算法后面

《财经》：媒体是有价值观的，而你们是最大的媒体聚合平台。

张一鸣：如果你是个邮局，你不同意《××时报》的价值观，但邮局能不发行《××时报》吗？多数人认为他的价值观就是主流价值观，他们总是习惯围绕价值观，而不是围绕事实。这是我反对的。同时，我们确实不应该介入到（价值观）纷争中去，我也没这个能力。

如果你非要问我今日头条的价值观是什么，我认为是——提高分发效率、满足用户的信息需求，这是最重要的。

——2016年12月14日张一鸣接受《财经》采访

背景分析

这是张一鸣少有的教训。在今日头条早期，每次遇到媒体提及跟价值观有关的问题，张一鸣总是选择躲在算法后面，以至于后来受到监察部门的整治，今日头条的长子"内涵段子"也因此被关闭。在此之后，张一鸣曾多次提到要加强公司治理，并且反思自己做出的错误言论。今日头条此后虽然也多次遇到其他危机，但再也没有像早期一样顾左右而言他，而是选择正面反馈。

行动指南

要直面问题，不能躲在算法后面。

11月11日 从产品角度解决

我们在建模的时候已经警惕到了这一现象。在这个过程当中，别的用户也在看他的喜好，我们会把跟你有一定关联性的用户推荐给你。同时，我们还有公共话题效应，会做一点探索，因为事件很大，不仅要探索深度兴趣，广度上也要探索。自我强化肯定会存在，但这个跟技术没有关系。很多人你给他很多选择，每天告诉他这个世界非常大，非常不一样，他还是看自己关注的那部分。针对现在产品而言，从系统角度出发，一定是在更多范围内调配信息，让信息在更大时空维度、更大幅度上流动，所以我觉得是促进了信息传播。

——2015年7月14日吴晓波对话张一鸣

背景分析

这仍然是一次在追究"信息茧房"问题后的对话。张一鸣从产品设计的角度，正面回答了这个问题，并且给出产品角度的解决方案。

> 行动指南

从产品角度解决问题。

11月12日 勇于道歉

关心今日头条的朋友们：

我真诚地向监管部门致歉，向用户及同事们道歉。从昨天下午接到监管部门的通知到现在，我一直处在自责和内疚之中，一夜未眠。

今日头条将永久关停"内涵段子"客户端软件及公众号。产品走错了路，出现了与社会主义核心价值观不符的内容，没有贯彻好舆论导向，接受处罚，所有责任在我。

——2018年4月张一鸣微博

> 背景分析

几次接到整改命令后今日头条被暂时下线，而比今日头条还要年长的内涵段子则被永久封禁。至暗时刻的张一鸣不得不放弃以往技术人的骄傲，凌晨的一封道歉信充满被认可和宽容的渴望。以往强调中立、致力于驯服算法的张一鸣开始言说"将正确的价值观融入技术和产品"了。

> 行动指南

CEO在道歉的时候要谈细节，谈后果，勇于承担责任。

11月13日 正直向善

我们对企业的社会责任，提炼出了一些要点。一个企业的存在，除了创造商业利润、解决就业、创造税收之外，还要有一些倾向。

首先是正直向善。我们是一家正直向善的企业，社会才能放心把更多重要的事情，交给我们来做。同时，我们需要保持科技创新，因为我们是一个科技创新型企业，要推动经济的发展，给社会带来好的方法。

其次，我们也要创造价值，创造的价值不仅是商业价值，还包括创造社会价值。比如今日头条寻人就是创造新的社会价值。很多时候，我们产品多延伸一步，就能创造更多的价值。不仅是我们的产品，公司多延伸一步，也能创造更多的价值。

再次承担责任。我们要对用户、对社会有更强的责任意识。做事情的标准，不能觉得符合法律规定就OK了，要有高于法律的自我标准；法律是底线，我们不能比照着底线来做事情。我们要主动承担自己的社会责任和行业责任，一些事关用户利益的责任，即使法律没有规定，我们也要主动承担。我们应该积极承担法律要求之外的、更多的责任。

最后，合作共赢。为什么提这一点？企业并不是孤立存在于社会的，企业还要跟别的企业合作。合作，就要求拥有共赢的思维。我们希望，不仅我们能发展好，跟我们合作的企业也能发展好，我们也要尊重别的企业。

——2018年3月今日头条年会演讲

背景分析

善因通向善果，恶因导致恶果。企业正直向善，这是维持企业与社会共生的基石。《菜根谭》一书中曾经有过比方，"行善而不见其益，犹如草拟冬瓜，自行暗长"，意思是说行善后虽然没有立刻看到好处，但结果就好比草丛中的冬瓜，它每天都在不停生长。

人是这样，企业也同样如此，比较典型的例子就是鸿星尔克，它在郑州水灾中低调捐款5000万元，国人知道后争相购买鸿星尔克的产品。张一鸣将"正直向善"放在首位，可见他对这件事的认同程度。

行动指南

企业在创造价值的同时，要保持正直向善。

11月14日 隐私问题

现在确实有人质疑说，我们这些分发平台做的事情是收集和分析用户行为，然后推荐分发信息。一旦在信息分发市场形成寡头级的公司，这种信息垄断会带来潜在危险。比如说，有人担心这个系统足够智能后，它能看透每个人，会造成用户隐私的问题。我觉得多虑了，我们只是知道用户的兴趣，远远达不到社交网站涉及的隐私问题，而且我们会有比他们更严格的标准。

——2016年1月15日今日头条未来媒体峰会

背景分析

国内用户数据泄露问题非常严重，在过去一些年里，甚至某企业巨头CEO堂而皇之地声称，国内用户和欧洲用户不一样，他们更愿意用数据换服务。随着《中华人民共和国数据安全法》的颁发，这种状况明显好转。保护用户的数据安全、隐私安全，已经成为各大网络公司所必须遵行的义务，字节跳动在这方面一直做得可以。张一鸣这里为自己辩解的方式，是将今日头条与社交类公司进行类比，说明自己获取数据的用途，并且表示自己拥有更严格的标准。

行动指南

采用更严格标准，积极保护用户隐私，让用户放心。

11月15日 人工智能

这是我们把今天论坛主题定为"人工智能与人类文明"的原因所在。于今日头条而言，我们希望人工智能能更好地服务于信息的创作与交流，从而促进整个人类文明的交流，希望今日头条成为一家更负责任的高科技公司。于整个人类而言，我们希望和全世界在拥抱人工智能带来的巨大机会的同时，也一起来直面人工智能给人类可能带来的不确定和风险。

——2017年12月人工智能与人类文明论坛峰会致辞

背景分析

在美国政治家提出"美国优先"的时候，中国的政治家们提出了"人类命运共同体"的倡导，中国的企业家们也越来越具有全球视野。防范人工智能发展带来的不确定性和风险一直以来都是全球性的议题，张一鸣这段话是站在科技工作者的角度表达责任感。

行动指南

发展人工智能，对全人类负责。

11月16日 伦理问题

目前，AI 正处在从实验室走向大规模商业化的早期阶段，很多人对它所带来的经济、法律、安全、伦理等问题开始担忧。

比如，AI 可能会导致大规模失业；可能导致经济发展不平衡；可能会导致贫富差距加大；可能会让很多城市修改现行的交通法规；可能会完全颠覆教育、金融等传统行业。

幸运的是，很多的风险才刚刚露出苗头，在这个和技术赛跑的时间窗口，我们应该从最早期开始将技术的研发和社会影响的研究同时推进，至少我认为一家负责任的人工智能科技公司应该这样。

——2017 年 12 月人工智能与人类文明论坛峰会致辞

背景分析

技术公司不但要做技术研发，而且要与社会影响的研究同时进行。很多科技巨头都是"在科言科"，而张一鸣认为，作为一家负责任的人工智能公司应该能研究解决科技进步带来的问题。

行动指南

承担更多责任，关注科技伦理问题。

11月17日 保持善意

关于人工智能的法律和伦理边界，我们可以去探讨、去辩论，但我觉得，作为人工智能的企业，应该永远恪守一条原则：必须对整个人类的未来充满责任感，充满善意。

——2017年12月人工智能与人类文明论坛峰会致辞

背景分析

张一鸣这段话的提出有点像阿西莫夫的机器人三原则，其实质是站在科技工作者的角度表达对人类未来的责任感。

行动指南

对整个人类的未来充满责任感，充满善意。

11月18日 避免技术滥用

张泉灵：你怎么能保证你的工程师、你的架构师，所有接近计算机的人不是"怪蜀黍（怪叔叔）"？

张一鸣：我们现在是信息时代嘛，在工业时代可以找到类比，比如原子能技术，产生了原子弹，我们开始也担心会不会被滥用，因为技术本身是种工具，是杠杆。它越强大，威力就越大，被不恰当使用的问题也越大。其实制造原子弹的技术并没有那么复杂，如果坏人制造了原子弹，再找到投射装置，是可以酿成灾难的，这需要配套手段来解决。所以，你的担心的逻辑，不是现在才有的。

张泉灵：那办法是？

张一鸣：办法是找到避免爆发问题的办法。比如你刚提到的隐私，是要靠相关法律和正常的商业竞争规范，来保证企业只在创造价值，而不会被少数"怪蜀黍"使用。

还有就是如何避免低级失误，而给外界带来大问题，比如前年有家金融机构，他的模拟盘错接了实盘，导致大额资金短时间内买入大盘蓝筹，造成 A 股指数暴涨，之后才知道是场乌龙。类似低级失误要避免。

——2015 年 6 月 29 日 张泉灵采访张一鸣

背景分析

在过去几十年间，科学技术极大发展，以至于人类个体的力量被极端放大，以至于有学者将之称为"个人时代"。其中比较典型的例子是：过去的暴虐帝王再强大，也只能通过他人之手去实施暴行，在此中间很容易受到理智人的制止；而现在的个人如果智商高，心地邪恶，他是可以通过原子武器或者特殊软件对人类整体进行攻击的。

警惕技术滥用是各大科技企业都不能避免的问题，张一鸣本人也不能想到通用解决办法，他只能将其优先级提高，并且尽量提高大家的重视程度。

行动指南

避免技术滥用。

11月19日 人工智能的伦理问题

张泉灵：你不担心人工智能变成人类终结？

张一鸣：我们目前看到的进步以及方向，多是在某个垂直领域的人工智能的可能性，比如推荐、比如天气预报等，目前无法想象一个通用的大脑的存在。而且我预计，我们现在对人工智能的想象都是人工想象，人工智能真正产生的影响，很可能是我们完全无法想象的。

——2015年6月29日 张泉灵采访张一鸣

背景分析

在当今社会，虽然每个人都在谈论人工智能，但是对于人工智能带来的社会问题还是讨论得太少。张一鸣相对坦诚地指出了大家的无知状态，并且表达了自己的敬畏之心。这是一个需要科学家、伦理学家以及各种学者专家共同投入，并且持续研究的事情，不能被忽视。

行动指南

对人工智能保持敬畏之心。

11月20日 医疗广告

不做医疗广告是因为目前有很多民营医院服务差甚至经营违法违规，而我们很难区分把关。这和我个人的善恶观无关，更多的是企业发展长短期和"延迟满足感"有关。

——2016年12月14日张一鸣接受《财经》采访

背景分析

自从魏则西事件发生以来，百度的医疗广告就备受指责，流量信任度大大下滑，对百度后期广告售卖造成极大影响。张一鸣从极端理性的角度出发，解释自己并非出于善恶所以停掉了非常挣钱的今日头条医疗广告项目，而是为长远发展做出的决策。

在他看来，推一个有问题、低质量的广告实际是杀鸡取卵的行为。另外，今日头条也不是按照广告词切分流量的，而是按照广告时长，这就意味着今日头条可以把相同的位置卖给其他的方向。

行动指南

在适当的时间，为了整体流量信任度，先舍弃部分收入是值得的。

11月21日 企业责任

2018年对我们这家已满六年的企业来说，最重要的有三个事情。对公司本身来说，希望继续完善公司，无论管理、文化还是系统。对业务来说，希望能够走向全球化。如果（全球化）能成功的话，对我们来说是一个里程碑的事情，对中国互联网企业来说也是标志性的事情。作为一个社会的一分子，一家平台型企业来说，我们希望在企业社会责任这一块能做更多的事情。过去我们更多关心业务的成长，现在我们希望对管理团队、对业务负责人提出更高的要求。不仅关心业务、关心全球化，还能够有更开阔的视角去认识、承担更多的企业社会责任。

——2018年3月20日张一鸣对话钱颖一

背景分析

2018年到2020年这三年是字节跳动全球化加速的三年。在这三年里，抖音崛起，TikTok出海成功，字节跳动完成了腾讯、阿里都没有达到的出海高度，终于拥有了一个全球性的产品。当然，字节跳动也面临着全球化的挑战，需要面对更多的法律约束，也需要承担更多的企业责任。张一鸣从2018年开始将这些事的优先级提到最高，也是这个原因。

> **行动指南**

早早思考全球化，承担更多的企业责任。

11月22日 全球公共平台

作为全球公共平台，面临的企业责任非常多。不仅有合规合法的责任，还有内容的责任。因为你是一个更大的企业，所以对自己的标准要更高，承担更多的责任。无论是我们今日头条寻人还是山货上今日头条，我们都是希望承担更多的社会责任。

大家可能会说，企业的社会责任跟我有什么关系？我做好手头的事情不就够了吗？不是的。这需要我们全员都有这个意识。事情该不该做，以什么样的方式来做，要比照我们给公众承诺的社会责任。今年，我们要强化履行企业的社会责任。第四个阶段我们需要补课，在第四阶段向第五阶段迈进的过程中，更要把这根弦扭紧。

——2018年3月今日头条年会演讲

> **背景分析**

积极承担社会责任，对于一家全球公共平台级别的公司来说，这是至关重要的事情。

传奇总裁郭士纳在《谁说大象不能跳舞》中曾经讲过这样一个案例，在他成为IBM公司CEO之前，IBM已经捐款超过13亿美元，这也让IBM成为了全球捐款最慷慨的公司。但是，IBM每次捐款都是现金，以至于很多捐款受益人十分依赖IBM公司，反而让自身发展受限。

郭士纳接手以后，开始将焦点放在利用技术解决社会问题上，在"重塑教育"这项工程上取得良好结果。

郭士纳感慨，公司承担企业责任不应该是将钱扔出去了事，这是低效的慈善，而应该将捐款受益人视作自己的客户。这样的结果就是，社会责任变成了社会创新。

张一鸣多次说，自己对于承担社会责任还需要更多地思考，他并没有将企业责任视作一项需要应付的义务，而是在努力用心去做。

行动指南

积极承担企业责任，将之变为创新机会。

12月
国际化

12月1日 硅谷考察

在我看来,这条计算机技术发展之路历经三个阶段:

第一阶段是个体硬件的发展阶段,可以说是个体英雄"点"时代。早期的计算机发展都是个体的发展,知名的如IBM的卡片机、苹果的麦金塔等,都是计算机历史中的明星。这个阶段,单点的突破也就是单个计算机的突破,而突破大都来自国家之间的军事对抗。比如第二次世界大战初期,飞行员射击完全是用目测,为了解决命中率的问题,美国军方开发了用在战斗机上的计算机,帮助计算弹道并调整枪口角度。此外,英德两国在战争中为了相互破译对方的密码,也加速研究计算能力更强大的计算机。1946年诞生的真正意义上的第一台电脑ENIAC,也是美国军方委托生产的。所以点时代也是孕育催生计算机的时代。

第二阶段是由硬件与软件构成的基础设施阶段,可以称之为"流"阶段。个体突破带动了上下游的发展,上下游有系统软件、存储、处理等,它们连成了一个顺畅的条线或是成为一个由单个个体发射出的多条射线,这很像一条有源头的河流,所以我称之为"流"时代。这个阶段更多的是科技基础设施的建设，如传输、存储、软硬件集成、处理器芯片、系统软件等，比尔·盖茨创造的微软帝国神话就是"流"时代的典范。在博物馆里，我们看到了1985年盒装的WINDOWS1.0，用现在流行的话就是它看上去挺low的，可是在30年前，它绝对是最前沿的科技产品。在这个"流"阶段，技术开始由高高在上的军事流淌进商业，继而在娱乐游戏的帮助下，顺流到了数量更大的家庭中。

第三个阶段是基于基础设施完善后的计算设备大联网阶段，造就了我们身处的"网"时代。毫无疑问，我们正处于这个杰出的大时代中，我有幸以创业者的身份参与其中。这个阶段，科技的基础设施已趋于完善，当每台计算设备都能够联网在线的时候，各类新的服务层出不穷，渗透进人类生活的方方面面——信息获取、交流沟通、娱乐游戏、购物商务，我们的生活和工作都被摧枯拉朽般改造着。这个阶段是技术与观念双重飞跃的阶段，更是创新产品与服务辈出的阶段，所有的行业全部都会被改变，直至我们的世界成为架设在服务器上的世界。对此，我深信不疑，接下来在硅谷的几天，我更加印证了这样的想法。

——2014年10月20日张一鸣硅谷行总结

背景分析

2014年张一鸣得到一次去硅谷考察的机会，拜访了包括微软、IBM、苹果在内的大公司，并于归国后次年正式开启了字节跳动出海之路。

这里我们希望补充一个更大的中国互联网公司出海背景：按照王湘穗《币缘论：货币政治的演化》的观点，洲域化的共同体和币缘圈将成为世界体系的主体单元，欧共体、泛亚共同体、美洲共同体将成为世界的主导力量。

2010年之后中国GDP（国内生产总值）超过日本，成为美国之后的世界第二大经济体，这时候中国的货币政策发生了变化，外部性表现是人民币更积极参与国际竞争，内部性表现是鼓励中国公司出海。在这种情况下，包括今日头条、小米等在内的中国优质企业迎来了最好的出海窗口。

> **行动指南**
>
> 出海之前,要对全球市场认真考察,横向纵向都要有深刻认识。

12月2日 观察全球趋势

尽管海外的媒体市场环境和中国有着巨大的区别,但全球范围的趋势惊人相似。主要有三点:

第一点,内容市场需求空前旺盛。技术的革新,刺激了内容的生产和消费。从前人们在早餐时、上班路上、晚饭后看一张报纸,现在手机24小时不离手。从2014年1月至今,从25分钟到53分钟,使用时长增长了一倍。这说明用户希望看到越来越多的内容。

相比文字内容,"富媒体"内容,特别是视频正受到用户更多欢迎。以谷歌旗下视频网站YouTube为例,去年收入90亿美元,估值超过千亿美元。这个平台上,出现了像Vice这样,估值超过20亿美元的媒体巨头,Vice在YouTube上有超过20个频道,这些频道的订阅量已经超过了550万。从这个角度来说,我建议在座的各位,多多尝试做视频内容。

第二点,也是最重要的一点:创作与分发分离。媒体专注于内容创作,将分发交给几个主要平台去做,已经是大势所趋。在国外,这些平台有脸书、推特、苹果、YouTube甚至Snapchat。在国内,公认的是"两微一端":微博、微信和今日头条客户端。

第三点,信息过滤的权力让渡。从前,人们让媒体帮忙过滤信息,去决定自己该知道什么事情在发生,这个权力在媒体手中;今天,信息空前膨胀,人们无法仅仅依赖媒体完成信息过滤,于是,原先交给媒体的权力被收回了。到底把权力让渡给谁,才能解决"该看什么内容"这个问题呢? 我认为主流的方式有两种:一种是把权力让渡给社交关系,让每个人推荐自己喜欢的内容给朋友,大家一起来干编辑的工作,同时也消费朋友推荐的内容；第二种是把权力让渡给算法，让算法来识别你的喜好，推荐你可能感兴趣的内容。两种方法都能大大提高信息分发的效率。

——2016年1月15日今日头条未来媒体峰会

背景分析

全球化的本质就是国家竞争，表现在商业层面就是企业竞相以更低的成本满足用户需求。

张一鸣这段话是在从需求的角度寻找海内外市场的共性，他看到了内容需求旺盛、创作与分发分离、信息过滤的权力让渡三种共同趋势。这些认知也在之后对字节跳动出海形成了良好的指导作用。

行动指南

看到市场需求的共性。

12月3日 世界最大的创作平台

我们去年跑了很多国家，最近两会上小米的雷总也说，今日头条是中国原创创新的代表。确实，我们在各个国家都看到今日头条的追随者，他们也自称是该国的今日头条。

去年的内容创作者大会上，我们说要做中文世界最大的创作平台，当时跟今日头条号的同事说，希望有一天能把"中文"两个字去掉。

像GOOGLE、脸书、腾讯这些优秀的公司，不断有创新的产品诞生，因为它们已经成为创新的科技公司，我希望字节跳动也是如此。简单来说就是继续努力憋大招。

——2016年3月今日头条年会演讲

> **背景分析**

张一鸣讲这段话的背景是，在头一年开启全球化之路后，字节跳动开始利用算法优势在世界多个国家和地区开始了复制今日头条的尝试，并且取得了不错的成果。这一举动在国外也引来了许多本土互联网公司的效仿，逆转了中国互联网公司仿效国外成熟模式的格局。

不过，字节跳动的算法优势仍然很大，虽然世界各地都有效仿者，但是在推荐引擎上仍然远远落后于今日头条。因此，张一鸣才敢于提出，要在未来的五年内有机会能够取代推特和雅虎（正如之前在国内干掉微博和百度那样），成为全球第一大内容创作平台。

张一鸣这里提到的憋大招，指的应该就是将短视频与推荐引擎结合，也就有了后来的TikTok。

> **行动指南**

做好平台，吸引更多内容创作者。

12月4日 促进信息流动

信息在计算机上处理最小的单位就是字节，信息的传输就是一场场字节的舞蹈。我们就想找出字节舞蹈的规律，促进信息的再流动和再分发。

——2013年8月《经济日报》采访张一鸣

> **背景分析**

张一鸣说，创业要敢想肯干。作为一个程序员出身的CEO，在他看来，字节在跳动,梦想就在跳动。他创业之初的目标是把"今日头条"做成全球用户推荐资讯的产品,这点也表现在他起"字节跳动"名字的时候就把对应的英文名称也想好了。

行动指南

有更高维度上的理想。

12月5日 抓住更多机会

在15年前,我还在龙岩的时候,很难想象我会从事互联网创业,会代表中国互联网企业到美国参加中美互联网论坛,有机会和中学时代的偶像、国际互联网企业家共同聚会、交流。所以我觉得这个时代是一个巨变的时代,互联网是巨变时代的重要因素,它让世界变得很小,也让年轻人有了很多机会。

——2015年9月30日龙岩籍互联网新锐高峰论坛主题演讲

背景分析

托马斯·弗里德曼在《世界是平的》一书中提到,人类历史上从来未有这样的时刻:越来越多的人会发现,他们能够找到越来越多的竞争对手和合作对象,人们将和世界各地越来越多的人互相竞争和合作,人们将会在越来越多的工作岗位上互相竞争和合作,人们的机会将越来越平等。在中国有很多福建龙岩这样的小城,在龙岩也有很多张一鸣这样的孩子,在互联网时代也曾有很多人发现了推荐引擎的机会,但只有张一鸣有足够大的愿景,抓住了机会,做成了这样的事业。

行动指南

互联网让世界变小,给年轻人更多机会。

12月6日 战略上重视国际化

《好奇心日报》：2015年对你来说最重要的事情是什么？

张一鸣：我们有一些产品目标，整体来说希望日活有三倍的增长，还希望在国际化上有一些成绩。产品本身来说希望在用户的兴趣讨论功能上能够再迈进一步，希望把评论做得更进一步（对未来的战略计划我们不能说太多）。

——2015年4月29日《好奇心日报》采访张一鸣

背景分析

20世纪90年代，通用电气CEO杰克·韦尔奇曾经反复讲一句话："我们主要追寻的是四大理念：全球化、服务、'六西格玛'和电子商务。"但是，事实上通用电气的全球化开始于20世纪60年代，比他自己宣扬的时间要早近30年。

张一鸣虽然不愿意细谈自己对于未来的规划，但是对于国际化的这顺口一提，就已经体现了这件事在他战略里的重要性。

行动指南

把出海放在更高的战略位置上。

12月7日 全球创作与交流平台

我们今年的主题，是Hello World。我们2015年开始全球化，第一次启动了全球化的团队，第一次有了外籍员工。全球化是包含国内业务的，2017年，我们已经取得比较多的进展，2018年要把国内业务再上一个台阶，打下更好的基础，同时海外业务更有起色。这是我今天想讲的内容主题。

如果给2018年提一个关键词，我觉得是：全球化。今年是非常关键的一年。从我们的组织来说，在高速行驶过程中，更要握紧方向盘。尤其全球化相当于换轨道，我们要修整汽车，而且还不能停下来调整，我们不能减速，必须同时往前走。

公司之前的愿景是："做最懂你的信息平台，连接人和信息，促进创作和交流"，现在简化成一句话："全球创作与交流平台"。

——2018年3月今日头条年会演讲

背景分析

在讲这段话的时间，张一鸣给musical.ly创始人阳陆育打去了电话，告诉他自己也在做短视频方面的尝试，这里指的就是抖音。

在过去的三年中，字节跳动主要的出海方式就是在海外研发和投资跟今日头条有关的产品，从2018年开始，短视频开始成为字节跳动的主要方向。

2018年初，抖音大战快手并将其迅速击败，这年8月，字节跳动更是收购musicl.ly，并将其并入抖音海外版TikTok。两年之后，TikTok成为脸书级别的世界最大短视频应用。

行动指南

设置全球化的愿景，不断往前走。

12月8日 做全球级基础设施

上面讲了很多今日头条关于人工智能的探索和尝试，大家不难发现，人工智能实际上早已经嵌入了今日头条的产品基因。

对于今日头条来说，人工智能的意义最终是要落到应用层面的，是为了让信息在碎片化的场景中实现最高效的流动。

我相信技术没有边界，最近可能有人关注到，我们投资了印度一家和我们类似的公司，Dailyhunt，是当地最大的信息分发平台。其实，2015年6月今日头条就已经启动国际化，通过Build&Buy的方式在海外扩张，现在在日本、印度、东南亚、北美、巴西，今日头条都有一些布局。

未来，在人工智能浪潮的推动下，我们希望今日头条能成为全球信息分发的基础设施。

——2016年11月张一鸣第三届世界互联网大会演讲

背景分析

杰克·韦尔奇曾经说："公司是无法全球化的，公司的业务则可以。"

对于字节跳动来说也同样如此，字节跳动母公司无论如何都会以中国员工为主，它能够对外输出的，主要是自己的人工智能服务。

张一鸣提出担任信息分发人工智能基础设施的构想，也是意在从服务角度切入，希望提高字节跳动在国外市场的重要性。

行动指南

充分拥抱人工智能技术，做基础设施。

12月9日 其他国家的移动互联网

现在过去六年了，从2011年到2016年整个上市企业的排行榜全部因为移动互联网发生变化，前五名的人均产值发生了十倍的变化。我们现在做国际化，去了很多国家，发现移动互联网改变了很多国家的经济、文化、社会面貌，这个趋势还没停止，还有视频化也是移动互联网上的子浪潮，这是移动互联网的网速提高带来的。

——2018年3月20日张一鸣对话钱颖一

背景分析

世界的发展并不是均衡的，中国因为基础设施建设更加完善的原因，移动互联网发展速度要快于世界主流，在中国移动互联网发展成熟之时，世界上很多国家才刚刚开始。

张一鸣在国内把握住移动互联网机遇，于是做出了字节跳动，在国外仍然看到了移动互联网浪潮的子浪潮，这是中国互联网公司出海的重要机遇。

行动指南

人的一生只有一遍，要把握移动互联网带来的大时代机遇。

12月10日 把握时代变化

《伟大的博弈》这本书提到，在电磁波出现之前，美国东西海岸的股票市场价格是不一样的。为什么价格不一样呢？因为他们的价格不能在当天内完成交换。我们在这个时代，智能手机的出现，大大地消除了这个信息的鸿沟，加快了信息的流通速度。

如果我们用一个符合测算的信息流动的速度，可能在古代，阿拉伯数字的发明传到欧洲需要四个世纪，那么现在新兴的文化概念只需要几天，就能传播到全球了。

从容量上来说也越来越丰富，越来越多的主题，越来越多的题材被创作出来，由于互联网的出现，创作的门越来越低。认知盈余，我们知道一直都有，但是由于创作的门变低，越来越多的内容被创作出来。

——2015年第二届世界互联网大会分论坛演讲

> 背景分析

张一鸣提到的《伟大的博弈》一书讲述了华尔街如何从一条小小街道变成世界金融中心的历史，指出了美国资本市场对于美国经济腾飞的重要作用。张一鸣提到这段内容，意在将信息比作资本，指出随着技术发展，信息的充分流通可以促进创作门槛的极大降低。

张一鸣在这里提出这段话，其实也在从历史侧面论证字节跳动出海提供服务的必要性。

> 行动指南

通过历史，把握大时代的变化。

12月11日 看到中国优势

我觉得在龙岩有很多很有理想的年轻人，这些年轻人也都很爱折腾，那么应该结合自己的特长，比如抓住电商、O2O、新媒体行业的变化进行创业。当然我们看到不仅是移动互联网带来的变化，其实整个世界的经济都有非常大的变化，经济转型，生产行业更多地向服务、IT行业做出转变。那么，随着高等教育越来越普及，能够创作好内容的人越来越多，中国市场新的消费人群也有了很大的变化，走向海外市场的机会也非常非常大。

2000年左右，中国互联网是落后国外互联网好几年的，这次我去中美互联网论坛，跟国外的公司交流，我们发现现在美国的互联网公司，比如硅谷，觉得中国互联网公司发展非常迅速，中国市场也非常非常大，他们不敢再说我们copy（复制）他们的模式。中国的企业做了非常多的创新，同样类型的企业，中国很多企业做得比美国更大、更好，比如阿里巴巴、支付宝，比亚马逊更大，在O2O领域，美团也比国外的同类产品做得更大更全面。

我们所在的新媒体领域，比国外的一些企业做得大得多，并且在这些基础的、产品平台型的互联网公司发展起来之后，中国"互联网＋企业"也能走向海外，因为互联网金融和支付发展起来了，现在在海外做一次结算、交易非常容易，或是把产品卖到海外，所以我觉得可能海外市场也是一个重要的机会，可以把有特色的商品卖到更多的国家和地区去。

——2015年9月30日龙岩籍互联网新锐高峰论坛主题演讲

背景分析

中国的市场非常庞大，这让中国互联网公司具有许多天然的优势，阿里巴巴、支付宝、美团能够比美国的公司做得更大也都是基于这个原因。

2015年字节跳动出海之后，张一鸣看到了中国公司在海外的发展，对中国产品拥有了更多的自信力。

行动指南

中国的互联网竞争力已经渐渐超越海外，要注重拓展海外市场。

12月12日 服务全球用户

在PC互联网时代，中国的互联网企业是全球互联网技术的学习者和跟随者；在人工智能的时代，我们看到很多中国科技公司开始在应用层面，逼近甚至处于全球的领先水平，成为全球的领先者。但我们在开拓全球市场的同时，也有义务与全球各界一起去积极地思考新技术给全球带来的机遇和风险，做能为全球用户带来福祉的事情。

我们希望我们的技术最终能造福全球用户。要实现这个愿望，不仅仅是一家企业能做到的，而是需要全球不同领域的人士共同努力。

——2017年12月人工智能与人类文明论坛峰会致辞

背景分析

过去很多公司出海，其实质就是把产品卖到了其他国家，而生产、技术、管理全都留在本国，这就给人一种"倾销产品"的感觉，在当地人心中并无好感。而今日头条后来所践行的出海，则是全面拥抱全球化，不但在国外建立新的总部，而且充分发掘、使用当地人才，这样更有利于公司出海的长远发展。

行动指南

用技术造福全球用户。

12月13日 看到中国机会

过去我们说中国落后于欧美两到三年，但是现在变了，现在很多的产品、商业模式、运营实践，中国的公司都是领先国外的，很多东西都是中国先发明的，比如小米，不同的定价方式，不同的营销方式。比如今日头条，我们是最早在全球做全网搜索推荐引擎的。还有很多特色产品，"唱吧""陌陌"，这都是中国移动互联网的创新。第一代互联网时期中国的教育不够发达，很多都是学习数学专业的人在做互联网的事情，经过十几年的发展，无论是程序员还是产品经理，人才越来越多，北京、深圳、杭州、成都就已经成为IT人才密集的创业基地。当然，还有很大的市场，中国人口密度高，像电商、O2O等商业模式更有市场。所以中国有机会在应用领域、在商业领域走在世界前列。

——2015年9月5日中国青年领袖公益演讲

> 背景分析

2015年,在"一带一路"倡议发出的两年后,包括印度次大陆在内的广大发展中国家和地区成为中国资本的输出地。

在这种大背景下,中国互联网公司迎来了一次出海浪潮,包括字节跳动在内,很多已经在国内战场取胜的公司纷纷将目光瞄准海外。

张一鸣从创新角度出发,看到了中国产品模式对于欧美的赶超,更加有了在商业领域冲到世界前列的信心。

> 行动指南

对未来的不确定性保持乐观态度,把握中国机会。

12月14日 抓住全球机会

创业初期我就一直在说,我们同时在做两个产品,一个是业务产品,一个是公司产品,因为公司本身就是一个产品。所以,我们希望能够做全球创作与交流的平台的同时,能够成为全球最优秀的科技公司。公司产品是业务产品的基础,有很多公司抓住一个业务机会快速发展起来,这种公司叫"风口上的猪",我希望我们能够找到风口,抓住业务机会,更希望我们能够自己带有动力,我们不是靠运气,而是公司本身有创造力,是一个优秀的产品。要更好地运营业务产品和公司产品,履行好企业的社会责任,就非常重要。这也是公司极其重视的问题。

——2018年3月今日头条年会演讲

| 背景分析 |

做好公司和业务两个产品的说法，张一鸣很早就提出来了，不过这个观点在当时主要被解释为"张一鸣希望做好内部治理"。

站在出海之后的角度来看，张一鸣希望"字节跳动能够成为全球最优秀的科技公司"，这意味着他需要挑战更高难度的跨国公司治理。

在这种情况下，"抓住一个风口"显然不足以成为一个跨国公司的增长动力，跨国公司更需要自己成为动力，自己把产品做到极致，促进当地产业发展。

| 行动指南 |

做公司要抓住业务机会抓住风口，但是不能靠运气，要靠产品和创造力。

12月15日 拥抱创业时代

我们这一代，尤其到了最近几年，跟在20世纪八九十年代创业的老一辈企业家面对的社会环境真的不一样了。现在比较少听到"做生意"这个词了，现在叫"创业"，创建自己的事业，自己的公司，打造自己的产品。做生意、跑项目、找资源这种词的频率已经在下降了。上小学、中学时看杂志报纸看得比较多的都是以"胆大敢闯"为主要特质的企业家，现在这个词的使用比例也在下降。

词语使用的变化足以反映两个时代商业和商人的不同点，反映社会经济环境发生了很大的变化。这种变化带来的结果是新的企业出来，企业回归到提供有价值的服务的本质上，创造价值换取好的收入。原来简单的配置，使得很多行业效率很低，你只要去做事都会产生效率，所以才会出现"倒飞机""运玉米"这种比较胆大敢干的方式，在那个时候，你可以听很多商人聊天说，我是第一批卖电脑的，你是第一批搞外贸的，当时在某个领域第一批去做的人就会成功。

而现在，我们不可能通过干那些以前没人去做，没人敢做，或者没人听说过的事情取得成功，更多的是你要提供不仅是在中国，甚至是在全球都有竞争力的产品服务来打造自己的事业。

——2014 张一鸣极客公园演讲

背景分析

2000 年之后，中国的经济发展进入快车道，资本环境大大改善，投融资也变得更容易，人才创业环境也更加优良。正是在这种情况下，新一代创业群体不再需要靠胆大敢赌，押上自有资金博取高额利润来维持企业增长，他们有了更好的融资创业模式。

2010 年之后，中国企业的出海环境也大为改善，张一鸣很早就有出海的雄心，他自己拿的第一笔投资是美元基金，他一直都有很强的国际竞争意识。

行动指南

这是最好的创业时代，可以在全球范围内竞争。

12月16日 逐步出海竞争

我们过去都说中国市场、中国公司，但是我觉得总体趋势来说，世界是越来越连接的，从更长远的时间来看，我觉得大部分科技类公司它的趋势应该是一个全球化。所以尽管中国公司可能之前更多是消费品出海，比如电子消费品，手机已经出海非常多了，但是互联网公司还是非常少的。如果不走出去，中国毕竟只有全球人口的 1/5，如果是具有规模效益那很难用 1/5 跟 4/5 竞争，这也是我们 2017 年最重要的战略，我们会在北美和东南亚有更大力度的投入，谢谢。

——2016 年 11 月 18 日 世界互联网大会答记者问

> 背景分析

在说这段话的 2016 年，字节跳动投资了印度当地最大的移动信息平台公司 Dailyhunt，其实就是印度版的今日头条。

字节跳动的判断是，印度是一个很复杂的市场，有 20 种语言，要想做好本土化是一件非常复杂的事情，字节跳动没有直接自己做而是选择投资。

但这并不意味着字节跳动不会自己做，字节跳动后来的 TikTok 印度版就始终掌控在自己手里。

今日头条国际化路线主要是两条，一条是自己构建，另一条是投资并购的方式，字节跳动会根据不同产品和国情有所区别。

> 行动指南

参与国际化可以双线并用，投资并购和自己构建。

12月17日 海外计划

我们也会登陆海外市场，比如通过推特、脸书、领英的社交数据的产品。但是，我们要确保在一个市场中稳坐头把交椅，我们不希望心猿意马，成为两个市场中的第二。移动互联网时代与以往不同，中国公司的现状不再是落后于美国两三年，我们经常可以看到一些公司的产品与海外的产品站在同一起跑线上，比如微信、UC。这是一个非常好的现象。我们也会进入海外市场，虽然我现在还无法给出具体时间，但是我们一直都在计划着。同时，我们在积极招聘国内擅长算法和模型的工程师、架构师的同时，也在寻求一些海外的人才。

我们从去年就开始考虑海外计划。通过前期调研结果来看，是可行的。我们也在研究在哪里部署机房，是自己建立还是使用 Cloud Server（云服务）。而且，将我们的系统迁移到云端是否方便，如何让一套系统两地部署，以及产品设计是否需要改动，这些问题都在调研中。

——2013年3月17日 CSDN采访

背景分析

《从0到1：开启商业与未来的秘密》书中曾经有过这样的判断，中国是世界全球化的范例。中国非常善于复制美国的有用之物，然后循序渐进，做大做强。

在谈这个问题时，字节跳动才刚刚创立一年。张一鸣对于全球化已经有了初步规划，即先在国内市场取得优势，然后不断寻求海外人才，再不断推进全球化进程。张一鸣的这个说法，非常符合中国公司的全球化探索模式，即先吃透本土的庞大市场，再向外辐射。

行动指南

在出海之前，先确保自己在国内市场稳坐头把交椅。

12月18日 了解海外最新经济模式

在房屋共享公司Airbnb的文化墙上，我看到了这样一幅画面：一个衣衫褴褛却又潇洒的小伙子背着旧背囊纯真地笑着。在他旁边有这样一句话："在别人眼中我可能是一个无家可归的人，但是在我的眼里，我是在旧金山拥有638套房子的人！"一下子，我就被触动了，这让我真真切切地体会到了那种说不太清，但又非常重要的观念。

我们正生活在一个传统与共享交替的年代。在硅谷、在中国、在全世界，总有那么一帮人，愿意从信息分享发展到物质共享，愿意把自己拥有的汽车和房子，都共享给网络上的其他对此有需求的人，这种建立在技术基础上的共享，生产资料私有基础上的分享，给人带来了解放，让人更加自由，也让传统组织或社区的边界更加模糊。比如，我不必真正拥有自己的车和房子，或是我只拥有其中某样物质，但是网络却能为我带来丰富的选择，而且所需的花费并不多，这种选择来自其他人的共享。共享的人也能从中获取价值回报，这些回报也足以让共享的人过上自立的生活。在 Airbnb，共享房子的交易每天达到了十万单。

——2014 年 10 月 20 日张一鸣硅谷行总结

背景分析

这仍然是一个回答怎么做的内容，张一鸣在字节跳动出海的问题上，一直在不断学习借鉴国外最新模式。2014 年前后，共享经济是当时的大热门，张一鸣看到了这个模式的好处，始终对前沿商业模式保持着开放的态度。

行动指南

转变观念，形成新互联网的共享思维。

12月19日 重用国际人才

相信你们都已经看到了凯文的邮件。我想分享一些想法。

首先，我想谢谢凯文，他在我们遇到最大挑战的时候加入进来——特别是在印度和美国。作为领导者，加入像我们这样一个快速成长的公司从来都不容易，随之而来的状况让这一切更复杂。凯文和我聊过，我完全理解我们遇到的政治状况会对他的工作造成巨大挑战，特别是他身在美国还要负责全球业务。我感谢凯文为解决这些问题所做的努力，祝他一切顺利。

第二，我希望所有人了解，我们正在快速行动，寻找在全球解决所面临问题的方法，特别是在印度和美国。我现在没法说太细，但我可以保证，我们正在寻求符合用户、创作者、合作伙伴、员工利益的解决办法。

第三，我很高兴地宣布瓦妮莎被任命为TikTok临时负责人，立刻生效。你们都知道，瓦妮莎是我们团队里的压舱石，提供智力、共情和思想。她从2019年初就开始帮助领导TikTok，在我们美国团队还很小（但非常才华横溢）的时候就加入进来。她是领导TikTok前进的正确人选，随着平台吸收新的受众、激发创造力、给用户带来快乐。

最后，我希望你们都知道，我真的非常感激你们无休止的工作，屏蔽噪音专注在我们的使命之上，打造用户所依赖的平台。整个团队正在做一件伟大的工作，与全球最大的一些科技公司竞争，通过真正独一无二的在线体验赢得用户与品牌的心智。

——2020年8月张一鸣回复梅耶尔离职信

背景分析

2020年美国总统大选进入白热化，特朗普将与中国的贸易战作为利手牌大打特打，中国有史以来最强的互联网产品TikTok成为棋子，特朗普强行要求字节跳动将其关停或者售卖。

在这段时间里，前迪士尼首席战略官凯文·梅耶尔在TikTok短暂入职，并且离开。外界有传言认为，凯文意图按照美国法律将TikTok卖给微软，而张一鸣则希望持续保持手里的控制权，最后凯文·梅耶尔在三个月后离职。

这里我们可以看到一件事，字节跳动始终有充足的国际化人才储备，而且具备吸引国际化人才的能力。

行动指南

在全球范围内寻找优秀人才，看到全球人才的贡献。

12月20日 大格局很重要

我总是push（推动）大家走出舒适区，拥抱变化，强调未来十八个月非常重要。后来，因为越来越多的岗位本地化，比如TikTok市场运营职能（许多来自base在上海的musical.ly团队），非中国业务内容审核等职能从2018年底开始全面迁出中国，很多同事干得好好的被调岗。研发同事也因为数据访问政策调整工作受影响。幸好公司成长得快，大家在新的岗位上发展得也很好。今日头条圈时不时也有一些抱怨，但总体上大家真的做到了格局大、ego小。

因为传公司将出售TikTok美国业务的新闻，很多人在微博里骂公司和我。我看到今日头条圈里有人说半夜被微博评论气哭，有人替我和人吵架怼到手酸，也有很多同事加油鼓励。昨天加班到天亮，睡觉前打开今日头条圈，看到有人发早上五点半的深圳来福士大楼的照片，属于公司的楼层灯还亮着。最近很多同事一起努力，震原、定坤和技术部门同事经常工作到半夜进行架构升级、欧洲数据中心建设，还有很多部门同事24小时待命，随时被叫起来工作。感觉不平凡的日子，像一段特别的旅程。

想专门谢谢中国的同事，我心里一直觉得，但第一次说。说实话，随着公司全球化的发展，不少中国同事牺牲了很多，从2016年开始频繁出差外派，或者在中国克服时差语言问题工作，而且常常有许多应急工作。

——2020年8月4日张一鸣内部信

背景分析

从后来的结局来看，其实字节跳动并没有输。2020年，特朗普强迫字节售卖TikTok之时，字节跳动先是放出风声，表示将以500亿美元卖TikTok给微软，之后又传出将以更高的价格卖给甲骨文，但是始终没有下决断。

这件事被一拖再拖，直到相对激进的特朗普下台，张一鸣最终仍然将TikTok保持在了自己手中。不过，在这个过程中，张一鸣被国内舆论顶到风口浪尖，字节跳动内部的凝聚力发挥了很好的作用。

行动指南

保持大格局，少吵架，多做事，积极拥抱变化。

12月21日 全球公司视野

作为中国人创立的公司，为什么我们内部经常强调我们是全球公司，大家工作中要有火星视角。因为我们同事来自世界各地，有不同的文化背景，面对不同的舆论场。而每个人都有信息局限性，更容易从自己的角度出发，尤其在地缘政治强化和去全球化的时候经常会出现问题。不站在火星视角，在工作中会容易无心地冒犯不同国家的文化和价值观，或者把自己的习惯标准强加给不同文化背景的同事，这样的例子非常多。这也是我们为什么把"多元兼容"加到字节范中的一个原因。文化冲突是大多数中国公司不会遇到的问题。很多中国公司的国际业务主要是实体产品的销售，所以团队保持中国人为主就可以做到业务高效。而我们这样一个连接不同文化的大型平台则必须由各国的团队来运营管理。我们在各个国家尊重当地文化，所以能吸引不同国家的人才加入字节跳动，经过两到三年的曲折，在很多国家我们都建立了很好的雇主品牌。我觉得这也是格局大、ego 小的体现。

我其实很理解，人们对一家中国人创立的走向全球的公司有很高的期待，但是没有很充分和准确的信息，加上民众对当前美国政府很多行为有怨气，所以容易对我们有特别激烈的批评。只是多数人把这次事件问题的焦点搞错了，问题焦点根本不是 CFIUS 以 musical.ly 并购危害国家安全为由强制 Tik Tok 美国业务出售给美国公司（这虽然不合理，但仍然是在法律的程序里，作为企业我们必须遵守法律别无选择），但这不是对方的目的，甚至是对方不希望看到，其真正目的是希望全面封禁以及更多……复杂的事情在一定时期并不适合在公共环境中说。就像过去也有很多时候，对公司的批评我们并不能展开解释，大家一同经历之后对管理团队有更多的信任。对于公众的意见,我们要能接受一段时间的误解。希望大家也不要在意短期的损誉,耐心做好正确的事。这也是格局大、ego 小。

——2020 年 8 月 4 日张一鸣内部信

背景分析

2020 年因为 TikTok 被特朗普政府要求强行售卖事件,张一鸣被顶到风口浪尖,国内舆论将其判定成了"将最好的短视频产品卖给美国的罪人",张一鸣承担了许多压力。

站在现实的角度来看,国内舆论中"宁为玉碎不为瓦全"的观点其实非常不具有操作性。

一方面,TikTok 在字节体系中拥有非常庞大的员工,如果字节跳动真的选择宁愿关停也不售卖,受到巨大损失的字节跳动很有可能将其裁撤,导致大量中国员工承担失业后果。

另一方面,字节跳动已经在 TikTok 上投入巨量资金,关停带来的巨大损失很可能将这家拥有十万员工的公司拖垮。

站在国际竞争的角度来看,国际化的本质就是国家竞争,跨国公司必然要面临政策变更带来的结果,如果不能以更成熟的方式对待,这样的跨国公司是难以长久的。

行动指南

保持国际视野,做长期正确的事。